中国历代

状元文章

丁燕杰◎编著

赏析

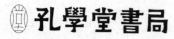

孔學堂書局

图书在版编目（CIP）数据

中国历代状元文章赏析 / 丁燕杰编著 . -- 贵阳：孔
学堂书局，2025. 8. -- ISBN 978-7-80770-796-7

Ⅰ．D691.46

中国国家版本馆 CIP 数据核字第 2025JN6668 号

中国历代状元文章赏析

ZHONG GUO LI DAI ZHUANG YUAN WEN ZHANG SHANG XI

丁燕杰◎编著

责任编辑：周亿豪

书籍设计：壹品尚唐

责任印制：张　莹

出版发行：贵州日报当代融媒体集团
　　　　　孔学堂书局

地　　址：贵阳市乌当区大坡路 26 号

印　　刷：三河市富华印刷包装有限公司

开　　本：710mm×1000mm　1/16

字　　数：187 千字

印　　张：12

版　　次：2025 年 8 月第 1 版

印　　次：2025 年 8 月第 1 次

书　　号：ISBN 978-7-80770-796-7

定　　价：59.80 元

内容简介

《中国历代状元文章赏析》是一本汇集了中国历代科举考试中状元所作文章的精选集。本书旨在展现古代文人学士的智慧与才华，同时为现代读者提供了解和研究古代科举制度、文学发展及历史文化的重要资料。

科举制度作为中国古代选拔官员的主要方式，自隋唐至清末延续了千余年。状元作为科举考试中的最高荣誉，其文章不仅代表了当时最高的学术水平，更是文学艺术的瑰宝。本书精选的内容，主要包括策问、对策两部分，它们是殿试的主要内容。"策问"与"对策"是出题与应试对应的两个部分，"策问"一般是以"皇帝的口吻"发问，其内容主要是治国安邦、国计民生等政治大事，而士子们在应试的过程中针对"策问"的内容作出回答，也就是所谓的"对策"。策问和对策共同反映了各个历史时期的文化特色和学术风潮。

在内容编排上，本书主要按照历史发展的顺序进行编排，每部分独立成篇，先简要列出状元中榜年代，接着是皇帝的策问，随后则是状元的对策，即状元文章。除此而外，编者在其后增加了"注释"和"赏析"等内容。如此编排，既丰富了页面，又增加了易读性，以帮助读者更好地理解文章内容。

《中国历代状元文章赏析》不仅是一本文学作品集，更是一本历史文献。它不仅能够为文学爱好者提供阅读享受，还能为历史研究者提供珍贵的参考资料。通过这些状元的文章，读者可以领略古代文人的风采，感受到他们对知识的渴望、对国家的忠诚以及对生活的热爱。

总之，《中国历代状元文章赏析》是一本集文学性、学术性、知识性于一体的图书，它不仅能够丰富读者的文化生活，更能激发人们对传统文化的兴趣和热爱，是研究中国古代文学和历史不可或缺的重要读物。

目　录

唐

宋

元

明

清

唐

❀ 垂拱元年（685）乙酉科 ❀

状元：吴师道

策 问

欲使吏洁冰霜，俗忘贪鄙，家给人足，礼备乐和，庠序交兴，农桑竞劝。善师期于不阵，上将先于伐谋。未待干戈，遽清金庭之祲①；无劳转运，长销玉塞②之尘。利国安边，伫闻良算。明言政要，朕将亲览。（第一道）

朕闻运海抟扶，必借垂天之羽；乘流击汰，必伫飞云之楫。是知席萝黄屋，握镜紫微，诚资献替③之功，必待弼谐之助。所以轩辕抚运，遂感大风之祥；伊帝乘时，遽致秋云之兆。朕虽惭古烈，而情切上皇，未校滋泉之占，犹虚傅野之梦。欲使岁星入仕，风伯来朝，河荐萧张之名，山降申甫之佐。垂衣伫化，端拱仰成。多士溢于周朝，得人过于汉日。行何政道，可以至斯？思闻进善之言，以副求贤之旨。（第二道）

朕闻明王阐化，化感人灵之心。圣后宣风，风移动植之性。遂使翔龙荐检，鸣凤司农，兽解触邪，草能指佞。仰惟前烈，何德而臻此乎？朕逖④听遂初，载钦神化，每欲反斯荠薄，景彼上皇。欲使瑞箓司庖，仙蓂候月，游四灵于翠苑，集五老⑤于荣河。致此休征，良由政感。伫闻启沃，以副虚襟。（第三道）

朕闻三微⑥递代，哲后所以承天。五运因循，明王由之革命。或金水而鳞次，应火木以还周；或寅子变正，天人之统斯辨。骊骠改色，昏旦之用有殊。

兹乃涣汗图书，昭彰历数。受位出震，以迄于今，莫不母子相承，终始交际。然而都君土德，翻乃尚青；天乙水行，宁宜用白？深明要旨，其义何从？若以秦氏霸基，便有符于紫色，则魏人鼎足，岂复应于黄星？缅镜前修，又以矛盾。张苍之议，既颇反于公孙；贾傅之谈，复远乖于刘向。子大夫学包群玉，文擅锵金。既听南史之篇，方伫东堂之问。详敷事实，靡得浮词，商榷前儒，谁为折衷。（第四道）

朕以紫极暇景，青史散怀。眇寻开辟之源，遐览帝王之道。或载纪遥邈，无其处而有其名；或坟籍丧亡，有其号而无其事。将求故实，以伫多闻。至如化被柱州，创基刑马⑦。两代之事谁远，五德之运何承？石楼之都，见匪均霜之地；穷桑之壤，元非测景之区。时将城彼偏方，惟一隅而独王。轻兹中土，弃九洛而不营。大夏之时，化臻禁甲；隆周之日，道致韬戈。而七十一征，翻在凤凰之运；五十二战，更属云官之期。斯则偃伯之人，无闻于太古；摧锋之弊，反息于中叶。浇淳之道，名实何乖！欲令历选前圣，远稽上德。采文质之令猷，求损益之折衷。何君可以为师范，何代可以取规绳？迟尔昌言，以沃虚想。（第五道）

对　策

臣闻栖培塿⑧者，不睹嵩泰之干云；游汀潦者，讵识沧溟之沃日？臣蒿莱弱质，衡泌鲰生。未识广厦之居，安知太牢之味？不量蕞尔，轻从哀然⑨；谬达天聪，兢惶圣问。粤惟皇家出震，累叶重辉。天人归七百之期，宗祏⑩联亿兆之庆。太宗以明一察道，括珠囊而总万方。高宗以通三御宸，转金镜而清九服。用能肃清天步，夷坦帝途。垂莫大之鸿基，托非常之元圣。伏惟皇太后陛下，道超炼石，化轶扪天。被子育之深仁，弘母仪之博爱。星阶已正，尚虽休而勿休；宸极既安，犹损之而又损。方欲还淳返朴，振三古之颓风；缉正苍生，降四海之昌运。拔幽滞，举贤良，黜谗邪，进忠说。故得鸿秸接轸，和宇宙之阴阳；龙武分曹，节风雨之春夏。礼乐备举，学校如林。俗知廉让之风，人悦农桑之劝。犹复旁求谀议，虚伫刍荛。既属对扬，敢陈庸瞽。诚愿察洗帻布衣之士，任以台衡⑪；擢委金让玉之夫，居其令守。则俗忘贪鄙，吏洁冰霜矣。旌好学之流，赏力田之伍，则家罕贫情，位列文儒矣。降通亲之使，喻彼枭心；发和戎之官，收其鸡肋。则四夷左衽，颠倒来王；三边元恶，讴谣仰化矣。自然笼羲驾昊，六五帝而四三皇。远肃迩安，飞英声而腾茂实。谨对。（第一道）

臣闻立极膺乾之君，当宁御坤之主，欲臻至道，将隆景化，莫不旁求俊彦，广命英奇。疑庶绩以安人，绥万邦而抚俗。是故轩邱膺箓，委四监⑫以垂衣；丹陵握图，举八元⑬而光宅。于是齐桓拟之于飞翼，殷武兴之以羹梅。克赞人谋，实宜神化。陛下功包邃古，道逸上皇，受授惟明，谋谟克序。弼辅之任，总风力于前驱；燮理之司，列伊周于后乘。振鹭翔鸾之客，毕凑天阶；乘箕降昴之英，咸趋日路。且犹虚心卜兆，托想旁求，冀山谷之无遗，庶贤良之毕萃。俯访愚鲁，敢述明扬。诚愿发德音，下明诏，咨列岳，访群公。举尔所知，不遗于侧陋；知人不易，无轻于慎择。下僚必录，上赏频沾，则叶县游龙，自九天而下降，燕郊骏马，赴千金而遥集。汉未为得，周岂能多？尽善尽美，于斯焉盛。谨对。（第二道）

臣闻化洽乾枢，景纬呈其灵贶；泽周坤络，卉木效其祯祥。是以若雾非烟，必应文明之后；九茎三秀，允符光宅之君。陛下应期纳箓，抚运登皇，孝道格于玄穹，仁心光于紫极。自临万域，辑御群方，灵瑞屡臻，休征荐至⑭。五蹄仁兽，乐君囿而来游；六象威禽，拂帝梧而萃止。岂直银黄玉紫，雉白马丹，翻鄗上之二稃，拔江间之三脊。固亦巡河受检，拜洛披图，降五老于星躔⑮，归四神于云路。盛矣美矣！巍乎焕乎！躏三五以腾徽，吞八九而高视。尚且崇谦让之道，守冲抣之德，抑斯天瑞，访此人谋。陛下虽不宰其成功，微臣亦不知其所谓。谨对。（第三道）

臣闻方圆既阙，帝王斯建。四游将六气交驰，五德与三微递变。自摄提著纪，出震登皇，循木火而相承，用骊騵而继作。虽复武功文德，揖让干戈。御旒扆⑯以高居，握图箓而深视。莫不垂天人之统，顺寅子之正。始终之际，何莫由斯。暨乎运偶都君，时云土德，道钟天乙，数叶水行。子胜母而尚青，母生金而尚白。略言其美，斯穷奥旨。至若秦居闰位，紫实非正之符。魏得中区，黄标应星之纪。未有矛盾，允惬随时。汉祖承天，人多异议。张苍言水而黑畸方兴，公孙据土而黄龙复应。逮二刘之父子，推五运之相沿，较彼前谈，斯为折衷。臣学非博古，识昧知新，轻陈管穴之窥，猥奉天人之问。惭惶靡地，悚越兼深。谨对。（第四道）

臣闻一剖为三，始鸿蒙于太易。九变于七，渐茫昧于无为。既分清浊之仪，乃列君臣之位。则有天皇首出，瞰柱州而宅土；地皇革命，俯刑马以开都。年匪异于万八千，号稍殊于七十二。既云木德，亦曰火行。开于天地之初，录自帝皇之纪。至若石楼远界，穷桑延壤，非万邦之土中，为二代之天邑。斯乃时犹鷟饮，道尚鹑居，谁知风雨之均，能建皇王之宅。亦分长于九域，岂独王于偏方。乃观象垂衣，化穆羲轩之代。翦商^⑰伐扈，人浇周夏之年。而皇德方隆，未弭战争之患。王道才著，复存韬偃之日。是则怀柔伐叛，取乱侮亡，虽钟大道之行，终仁胜残之战。是故劣于太古，非事优于中代。陛下选芳列辟，垂范千年，王化既平，能事斯毕。亦何必损益今辰之政，师谟往帝之规。抚和琴而促柱，御夷途而止辙，因循勿失，臣谓其宜。谨对。（第五道）

注 释

①阴阳相侵之气，妖气。　②玉门关的别称。　③献可替否。　④远。⑤传说中的五星之精。　⑥古代历法。周以十一月，殷以十二月，夏以正月为一年的开始，称正月，称三正。这时万物动于黄泉之下，微而未著，所以三正又称三微。　⑦古代结盟，杀马歃血，立誓为信。　⑧小土丘。　⑨出众的样子。　⑩宗庙。　⑪宰辅大臣。　⑫古代四种监察官职，分管四方诸侯。⑬古代传说中的八位贤臣，后多用来称颂贤能。　⑭吉兆接连来到。⑮星宿的位置、秩序。　⑯指皇帝。　⑰翦灭商纣。

赏 析

吴师道的对策紧扣武则天治国五问，以简驭繁展现唐初科举务实文风。

针对吏治，主张破格选拔寒门贤才，以"任台衡""擢令守"重塑官僚体系；论及民生，强调耕读并举，"赏力田""旌好学"以夯实国本。面对边疆，提出"发和戎之官"的怀柔策略，将德化置于征伐之上，暗合武周收缩边疆的国策。在玄学命题中，以"灵瑞荐至"构建君权神授叙事，又以"随时折衷"化解武周代唐的伦理争议，既颂祥瑞又谏修德。全篇结构严谨，既引《盐铁论》《史记》典故彰显儒学根基，又直面均田制推行、安西四镇争议等时政，体现"通经致用"的科举取士标准。全文逻辑严密，文辞华美，既有对古代经典的深刻理解，又有对现实问题的独到见解，堪称一篇优秀的殿试对策。

永昌元年（689）己丑科

状元：张柬之

策问

问：朕闻体国经野[①]，取则于天文；设官分职，用力于人纪。名实相副，自古称难；则哲之方，深所不易。朕以薄德，谬荷昌图。思欲追逸轨于上皇，拯群生于季俗。澄源正本，式启惟新。俾用才委能，靡失其序，以事效力，各得其长。至于考课之方，犹迷于去取；黜陟之义，尚惑于古今。未知何帝之法制可遵，何代之沿革斯衷？此虽戋戋束帛，每贲于丘园；翘翘[②]错薪，未获于英楚。并何方启塞，以致于兹？仁尔深谋，朕将亲览。（第一道）

问：朕闻轨物垂训，必随正于因生；开国承家，理崇光于敦本。故七叶貂珥[③]，表金室之荣；十纪羽仪，峻班门之躅。保姓受氏，义先于睦亲；翼子谋孙，事隆于长发。朕以寡昧，叨奉先灵，坠典咸新，遗章必睹。思欲甄明谱系，澄汰簪裾，派别淄、渑，区分士庶。至如陈、田互出，虢、郭俱开。束晳改汉传之宗，辅果易晋卿之号。巨君之姓，曾非驭鹤之苗；元海之家，谅非扰龙之族。永言纰谬，良用怃然。子大夫十室推英，三冬富学，允迪褒然之举，宣扬锵尔之词。至若北郭、南宫，本因何义？三乌、五鹿，起自何人？公孙之由，司马之姓，咸加辨析，且显指归。式副对扬，朕将亲览。（第二道）

对 策

臣闻仲尼之作《春秋》也，法五始之要，正王道之端，微显阐幽，昭隆大业。灉、洛之功既备，范围之理亦深。伏惟陛下，受天明命，统辑黎元。载黄屋，负黼扆④，居紫宫之邃，坐明堂之上。顺阳和以布政，摄三吏而论道。雍容高拱，金声玉振。征求无厌，误及厮贱，微臣材朽学浅，诚不足以膺严旨，扬天休。虽然，敢不尽刍荛，罄狂瞽，悉心竭节，昧死上对。

臣闻天者，群物之祖。王者受命于天，故则天而布列职。天生蒸人，树之君长，以司牧之。自非聪明睿哲，齐圣广深，不能使人乐其生，家安其业。陛下德自天纵，慈悯元元，既乐其生，且安其业。臣闻瑞者，上天所以申命人主也。故使麒麟游于囿，凤凰集于庭，庆云出，神龙见。其余草本烟露之祥，不可胜纪。陛下日慎一日，虽休勿休，故天申之以祯石，告之以神文。大矣哉！圣人之鸿业也。

臣闻河图、洛书之不至也久矣。孔子曰："凤鸟不至，河不出图，吾已矣夫！"师说曰："圣人自伤己有能致之资，而天不致也。"陛下有能致之资而天蕴者，所以扶助圣德，抚宁兆人也。臣观今朝廷含章⑤赡博之士，鲠言正议之臣，陛下诱而进之，并践丹地，伏青规，颙颙昂昂，云属雾委，鸾骞凤振，佩金鸣玉，曳珠绂，扬翠緌，充牣于阶庭者矣。昔舜举十六相，去四凶人，有大功二十，而为天子。前史美之，称曰尽善尽美。虽甚盛德，无以加此。陛下彰善去恶，昭德塞违，万万于虞舜。自托薄德，愚臣何足以望清光，而敢有议哉！

制策曰："思欲追逸轨于上皇，拯群生于季俗，澄源正本，式启惟新。"臣闻善言古者，必考之于今；善谈今者，必求之于古。臣窃以当今之务而稽之往古，以往古之迹而比之当今，以为三皇神圣，其臣不能及。故于阙见之，陛下刊列格，正爰书，修本业，著新诚，建总章以申严配，置法瓯以济穷冤，此前圣所不能为，非群臣之所及也。今朝廷之政，上令下行，如身之使臂，臂之使手，百僚师师，罔不咸乂。此群臣之所能奉职也。《书》曰："元首明哉，股肱良哉，庶事康哉。"故臣以为陛下有三皇之位，而能隆三皇之业也。臣以今之刺史，古之十二牧也。今之县令，古之百里君也。有官联⑥焉，有社稷焉，可谓重矣。任非其材，其害亦重矣。昔周宣王欲训其人，问于樊仲曰："吾欲训人，诸侯谁可者？"仲曰："鲁侯肃恭明神，敬事耆老，必咨于故实，问于遗训。"乃立之。晋之名臣亦言，舍人、洗马，一时之高选，台郎、御史，万邦之俊哲。若出于宰牧，颂声兴矣。由此言之，则古牧州宰县者，不易其人也。自非惠训不倦，动简天心者，未可委以五符之重，百里之寄。今则不然多矣。门资擢授，或以勋阶荏职，莫计清浊，无选艺能。负违圣诫，安肯肃恭明神？轻理慢法，安肯敬事耆老？取舍自便，安能求之故实？举错纵欲，安能问之遗训？异一时之高材，非万邦之俊杰。欲是多其仆妾，广其资产，齿角两兼，足翼双备，蹈瑕履秽，不顾廉耻，抵网触罗，覆车相次。孔子曰："既得之，患失之。苟患失之，无所不至矣。"故臣以为陛下有三皇之人，无三皇之吏也。

制策曰："俾用才委能，靡失其序，以事效力，各得其长。至于考课之方，犹迷于去取；黜陟之义，尚惑于古今。未知何帝之法制可遵，何代之沿革斯衷？"臣闻皇王之制，殊条共贯，虽有改制之名，无不相因而立事。孔子曰："殷因于夏礼，所损益可知也。周因于殷礼，所损益可知也。其或继周者，虽百代可知也。"然则虞帝之三考黜陟⑦，周王之六廉察士，虽有沿革，所取不殊，期于不滥而已。陛下取人之法甚明，考绩之规甚著。臣以为犹舟浮于水，车转于陆，虽百王无易也。今丘园已贲，英楚云集，启塞之路，岂愚臣所能轻云也。谨对。（第一道）

臣闻保姓受氏，明乎典训。或因地以赐姓，或因官而受氏。或官以代功，亦以官族。或所居之地，因以为氏。诸侯之子称为公子，公子之子称为公孙，公孙之子乃以其王父字为氏。后代因之，亦以为姓。田、陈、虢、郭，以声近而遂分；辅果、束皙，以避难而更改。王莽以田王为氏，元海因汉甥立族。骚括分南北之号，充宗为五鹿之先。应氏著书，具表三乌之始。司马、司徒，是曰因官。公孙、叔孙，《春秋》备载。陛下尽六艺之英，穷百代之要，淑问扬天地，元情贯幽显。黄竹清歌，词穷五际。白云高唱，文苞万象。昔曹门二祖，道愧由庚；刘氏四叶，仁非解愠。岂若睿思琼敷，同雨露之沾渐；神机苕发，等曦望之照临。起帝典而孤立，孕皇坟而独秀。臣沐浴淳和，叨承至训，名闻于圣听，言奏于阙前。谨对。（第二道）

注 释

①建设国度,区划乡邑。 ②草木高而杂乱的样子。 ③比喻显贵的人。
④古代皇帝座后的屏风,上有斧子形状的花纹。 ⑤包孕美好的本质。
⑥各官相助以行使职务。 ⑦舜时的官吏考绩制度,每三年为一考,考其功
绩。九年为三考,政绩好的升,差的退。

赏 析

此文展示了唐代状元张柬之对国家治理、官员选拔、姓氏起源等问题的
深刻见解。策问中,帝王以国家治理和官员考核为切入点,提出了一系列关
键问题,体现了对国家治理的高度关注和深思。对策中,张柬之引经据典,
结合历史与现实,对帝王的问题进行了逐一回应,不仅展现了他渊博的学识,
更体现了他对国家治理的独到见解。整篇对策逻辑严密,语言优美,既体现
了帝王对治国理政的深邃思考,也展现了张柬之作为状元的卓越才华和忠诚
品质,具有很高的文学价值和历史意义。

元丰五年（1082）壬戌科

状元：黄裳

策 问

礼所以辨上下，法所以定民志。三王之时，制度大备，朝聘、乡射、燕享、祭祀、冠婚之义，隆杀、文质、高下、广狭、多少之数，至于尺寸铢黍，一有宜称。贵不以逼，贱不敢逾，所以别嫌明微，释回增美①。制治于未乱，止邪于未形。上自朝廷，下逮闾里，恭敬撙节，欢欣交通，人用不逾，国以无事。降及后世，陵夷衰微，秦汉以来无足称者。庶人处侯宅，诸侯乘牛车，贫以不足而废礼，富以有余而僭上，宫室之度，器服之用，冠婚之义，祭享之节，率皆纷乱苟简，无复防范，先王之迹因以熄焉。《传》曰："礼虽未之有，可以义起也。"而后之学者，多以谓非圣人莫能制作。呜呼！道之不行也久矣，斯文之不作也亦已久矣。抑将恣其废而莫之救欤，将因今之才而起之也？

对 策

臣闻致道则求诸人，以人者善之所在也。及其行道也，不可以求人，惟人求道。置法则从诸人，以人者情之所在也。及其行法也，不可以从人，惟人从法。圣人之为天下，合众善以为道，合群情以为法。其为教也，则宜民下无异习；其为政也，则宜臣下无异说。若夫蠡管之见②，涓埃之善，奚足以致哉！圣人以为物态有新，故民情有好斁，俗有盛衰，时有彼此，事有变常，道有升降，法有损益。以道应时，以法制俗。当与万物之理相得于无穷，则夫善之所在，未可以废也；当与万物之变相适于无常，则夫情之所在，未可以废也。陛下所以三岁一诏，旁集天下之士，亲降圣问，而使一介草莱，类得发其涓埃之情，以助太山之崇高，沧溟之深远。如臣之愚，何足以与此！

然而，臣闻大道之世，货恶其弃于地也，不必藏于己，则俗之于物轻矣；力恶其不出于身也，不必为己，则俗之于我轻矣。不以我累道，不以物累我。天叙之中，夫妇之情，父子之性，君臣之义，兄弟之序，所谓有物者也。天秩之中，父厚于义而薄于仁，母厚于仁而薄于义，君无为而尊，臣有为而累，所谓有则者也。方是之时，上下之分乌用辨哉！不必持衡与之为轻重，而人自以为平；不必探筹与之为得失，而人自以为公。其正不必规矩而天与之为方圆，其信不必符契而天与之为取与。方是之时，上下之志乌用定哉！以故天之象，地之器，鸟兽之文，土地之宜，未有仰观而俯察者，则象与器，其孰制而用哉？法无所始，亦无所成；礼无所益，亦无所损。道之下降，在乎众器之间而已。人能轻物与我，而相与为天游，未有过礼而逾，不及礼而逼者，圣人盖未有患也。

然而，污尊而饮，捭豚而食，遂以为礼；抟土为桴，筑土为鼓，遂以为乐。营窟橧巢，羽皮毛血，圣人恶其鄙野太甚，贵贱之分，长幼之序，饮食居处几与鸟兽草木无以异焉。以故圣人作为礼法以文其实。营窟橧巢未利于居也，为之台榭宫室；草木血毛未利乎食也，为之炮燔烹炙；羽皮未利于服也，为之丝麻布帛；污尊抔饮未利于饮也，为之范金合土。网罟之利佃渔，耒耜之利稼穑，刳剡之利于川，服乘之利于涂，弧矢之利御寇，击柝之利待暴，利用之法详于此矣。然后制礼之文，施于饱食逸居之时，使远于禽兽。朝聘之礼，所以和君臣；冠婚之礼，所以正男女；祭祀之礼，所以交鬼神。为之射礼以观其志体，为之乡礼以辨其齿位③。合其欢也为之燕礼，致其钦也为之享礼。

虽然，昔时鄙野之风，稍趋于文，而文之弊，使人役有涯之生，随无穷之情，忘不可乱之分，徇不可必之物，其性失中，其心失性。以菲废礼也逼，以美没礼也僭，遂丧天礼之自。尔者性命之情，日入于衰薄，有如横流之冲，失其大防，汗漫而难制。是以朝聘之礼，不足以和君臣；冠婚之礼，不足以正男女；祭祀之礼，不足以交鬼神；乡射之礼，不足以仁州乡；燕飨之礼，不足以乐宾客。

然则，礼之数岂可废哉？有数而无义，则其制礼也不足以因情；有义而无数，则其制礼也不足以定分。"朝聘、乡射、燕飨、祭祀、冠婚之义，高下、隆杀、文质、广狭、多少之数"，所以见于圣问。而臣以为，礼法之行，自圣与贵者始。贤者，先王以率愚；贵者，先王以率贱者也。数度存焉。其在宫室也，庙各有数，堂各有尺；其在衣服也，冕各有章，旒各有寸；其在车旗也，常各有斿，车各有乘；其在器皿也，所食之豆，所献之爵。其数有多寡，其用有贵贱。

虽然，礼数之于天下，岂特进其不及之才，敛其不平之气，以就绳约，然后以为得哉！有以多为贵者，以文为贵者，以大为贵者，以高为贵者，以其外心者也。有以少为贵者，以质为贵者，以小为贵者，以下为贵者，以其内心者也。内之为尊，外之为乐，少之为贵，多之为美。是故先王之礼不可多也，故常不丰；不可寡也，故常不杀。惟其称而已。

天下之人顾其教则谨其分，明其义则进其德，此其所以致治于未乱，止邪于未形欤！不然，而礼之近者适人之情，礼之远者，明德而反本。刍豢稻粱，庶羞酸碱，以养其口；椒兰芳苾，以养其鼻；雕琢刻镂，黼黻文章，以养其目；钟鼓管磬，琴瑟笙竽，以养其耳；疏房安车，越席床笫，以养其体。此适其情者也。圣人以此救上古之鄙野，不能使后世无文之弊。目之于色，耳之于声，鼻之于臭，口之于味，四肢之于安佚，未有能克己复礼以为仁焉，则礼之近者，适足使人流而为淫泰，乘而为诈伪耳。山蔘之僭，浣濯之陋，岂可废哉！是故圣人之制礼也，酒醴之美，而玄酒明水之尚；黼黻文章之美，而疏布之尚；莞簟之美，而蒲越稿鞂之尚；丹漆雕镂之美，而素车之尚。是故礼虽道德之下，及忠信之薄，而道德忠信所以不丧者，礼实明之也。礼之近者，适人之情，而人情之适未常放者。礼之所尚，不在乎美者而已。

二帝三代，以法趋时，以义起礼，不能有异于此，特其详略未可同耳。故臣尝言，道无常也，未始有弊焉，必有升降者，礼法为之也；时无止也，未始有弊焉，或有彼此者，习俗为之也。继道以致用者，善也；制善以致治者，法也。异法者，彼此之时；异时者，盛衰之俗；异俗者，新故之物。物之新故，俗之盛衰，未始有常也。则以法趋时，以义起礼，岂有一定之论哉！是故圣人之在下者，或清或和，以矫一时之俗，而救其弊焉，则有三子之行。圣人之在上者，或损或益，以应一时之俗，则救其弊焉，则有三王之礼。然而道失而后德，则二帝之趋时也，致隆于德，未能以为皇；德失而后仁，仁失而后义，义失而后礼，则三代之趋时也，致隆于业，未能以为帝。道也，德也，业也，皆圣人所能有者也，其用之异者，以制俗异之也。皇也，帝也，王也，皆圣人所能为者也，其名之异者，以应时异之也。

臣谓有成与亏者，法也；无成与亏者，道也。无成与亏之中，注之不盈，酌之不竭，万法之造，费之弥多，资之愈有。唐而后成，周而后备，于形色名声，不可以为量数。若夫制于礼者为之，非特不可以致治也，必待数百岁，其智足以相备者而后全。若夫休道者，虑后而致隆，则尧之所成，周之所备，伏羲旦暮而陈之，奚必俟唐与周哉！臣谓时之所缓，圣人不以为急，俗之所恶，圣人不以为好。是故五帝而上，其书谓之《三坟》④，言大道也。二帝而下，其书谓之《二典》，言常道也。然而常道之用，又其大道之降者欤？不然而忠质之过也，周以极盛之文而救之，盖自夏商之末，仁义失尽矣，则周之所以救其弊者，其有礼欤？尽仁之数以制礼，尽礼之数以制法，辨等之仪，教节之度，尤详于二代，则大道之降者，未足以为怪也。后世之难治，惟其物我大重。我重而逾，物重而逼，无穷之欲，不测之变，不可以略制也。行法之吏，至于三百六十而后已，岂其好详哉！礼以义起，法以时行而已。

臣观三代之盛，忠质文之不同道，服器官之不同法，相沿以情，相革以迹。朝聘之勤，燕享之欢，祭祀之诚，婚姻之好，欢然有恩以相爱，粲然有文以相接。彰之以车服，扬之以声音，光之以诗书，明之以藻色。其犹一元⑤之散，遂华万物而为春欤！和气之中，声色万类，飞者翔，走者伏，潜者跃，并行而不相悖，并育而不相害，莫知为之者。三皇之世，未著于德义，其犹一元之含万物欤！二帝之喻则向乎春矣。陛下体道在上，造化群材，因革庶政，教令刑禁，下行上施，其犹天道之运四时欤！作者使复，枯者使荣，则春之风雷；散者使敛，华者使实，则秋之霜露。将与有生之类，还淳反一，而为太古之游，固陛下之志也。若夫宫室之度，器服之用，冠婚之义，祭飨之节，率皆纷乱苟简，未复三代之遗法，岂可望哉！念此宜圣策之所及也。

臣闻不能以礼趋时，则其为法也无功；不能以义起礼，则其为法也无道。礼乐之情同，明王以相沿，知礼有所因，三王异世不相袭礼，则礼有损益。商因于夏，礼所损益可知也，损其文而益之以质故也：周因于商，礼所损益可知也，损其质而益之以文故也。其或继周者，虽百世可知也。文弊则质救之，质弊则文救之，文质相代而趋于中，盖虽百世不能易也。伪者文之过，野者质之过，继文之过必过于质而救之，此孔子所以欲从先进欤！时也，惟夏之从，车也，惟商之从，服也，惟周之从，乐也，惟舜之从。郑声[6]之淫，非所可欲者也。文弊之俗，皆溺于此乐，则惟舜之从，然后郑声可以放焉。

自秦继周，礼之情不能有所因，乃滋法令以酷天下，礼之文不能有所损，乃极奢侈以穷其欲。不能以智出义，以义明德，不能以仁出礼，以礼明分。苟以徒法而制天下，礼之近者又从而充之，古远而难行者类弃而不为，遂使天下之俗，流而为淫泰，乘而为诈伪，淫为郑声，殆为佞人，则其制天下也，适足以为乱焉！岂能辨上下定民志，使恭敬樽节、欢欣交通以戴其上哉！若夫诸侯乘牛车，庶人处侯宅，贫以不给而废礼，富以有余而僭上。宫室之度，器服之用，冠婚之义，祭享之节，率皆纷乱苟简，未足以为怪也。汉文帝好道家之学，以为繁礼饰貌，无益于治，皆罢去之，专务朴素。然而文帝岂能鉴周之弊而致然哉！会其所好，适近圣人继周之意。故其屋壁得为帝服[7]，倡优得为后饰，卖僮婢妾，富人大贾皆得以上僭，莫之制焉，斯亦文帝不能以义起礼之过也。呜呼！文帝畏甚高论，而释之与言秦汉间事而已。唐太宗好三代之礼乐，房杜[8]不能对者，放其为礼也，沿秦故以为汉，沿隋故以为唐，其治卒愧乎三代，而使三代本数末度，寂寥数千载间，未有能振之者，可胜惜哉！陛下慨然有志于此，将欲贫者不至于废礼，富者不至于犯义，文不至于野，趋乎文质之中，非特天下后世受其赐也，斯文不亦幸乎！

臣闻有其德而无其位，不敢作礼乐焉，为其无行礼乐之权也；有其位而无其德，不敢作礼乐焉，为其无立礼乐之道也。而今陛下尊为天子，有其权矣；德为圣人，有其道矣。何惮而不为！然而不能因俗则礼失人，不能制俗则人失礼。礼失人也，无情；人失礼也，无分。陛下以义起礼，而臣言其所以因俗，所以制俗而已。寒暖燥湿异气，刚柔轻重异齐，器械异制，衣服异宜，饮食异和，此天理之所异者，俗之所宜，先王之所因。析言破律⑨，乱名左道，淫声异服，奇技奸色，行伪而坚，言伪而辩，学非而博，顺非而泽，有疑于众，圭璧金璋，锦文珠玉，或不中度，或不中幅，或不中量，或不中仪，有行于市，此人伪之所异者，俗之所病，先王之所禁。因其所宜，而弗禁其所异。天下之人，心与物化，志逐利往。譬如新生之犊，猖狂而趋，未知其所向，则虽以义明法，以数定分，敛其放肆，以就绳约，亦已劳矣。是故大司徒施十有二教，所以因俗者一，所以制俗者四。太宰以八则治都鄙。以礼驭其民，则其制俗者也；以俗驭其民，则其因俗者也。盖惟圣人以道出法，以德制行，然后能为因俗而与之同，能为制俗而与之异。其因俗而与之同也，则能使之欢欣交通；其制俗而与之异也，则能使之恭敬樽节。礼之远者，使之知所尚焉，则能明德反本而不溺于忠信之薄，道德之下衰，三代之礼可得而终始也。此臣之计也。

注 释

①宽恕可教化之人，促进社会向善。　②比喻见识短浅，看不见事物的全貌。　③按年龄大小定其先后顺序，以长者为尊。　④古书名，相传为三皇之书。⑤宇宙混沌未开的状态或天地万物的本源。　⑥春秋战国时期郑国的民间音乐。⑦皇帝的服装。　⑧指房玄龄、杜如晦。　⑨曲解法律条文，破坏法律本意。

赏 析

以上策问与对策围绕礼法因革展开思辨。策问以三代礼制为典范，批判后世礼法崩坏之弊，引出"因今之才而起之"的核心命题。黄裳在对策中展现出深邃的历史眼光，强调礼法须合"众善群情"，主张圣王应因时制宜、损益旧制，既肯定礼法"辨上下、定民志"的规范作用，又警惕烦琐礼文对人性的束缚。其论述融合儒道思想，提出"以道应时"的辩证思维，既推崇三代礼制"粲然有文"的教化功能，又倡导"因俗制礼"的实践智慧，强调礼法需平衡文质、调和古今。文章结构宏阔，引经据典而不失机锋，展现出宋代士大夫重建礼治秩序的思想追求与务实精神，为传统礼法思想注入了"通变"的哲学维度。

绍兴二年（1132）壬子科

状元：张九成

策 问

朕承中否之运，获奉大统，六年于兹，顾九庙①未还，两宫犹远，夙兴夕惕，靡敢荒宁。悯国步之久艰，悼已事之失策，虚心求治，不惮改图，故详延子大夫于廷，咨以当世之务，冀闻长计以兴大业，将核其言，以收其用。非直循故事，设科举塞人情而已！

盖古先辟王，继中微之世，承思治之民，芟夷大患，事半功倍。少康一旅而复有夏，宣王兴衰以隆成周，光武三年而兴汉祚，肃宗再岁而复两京，皆蒙前人之绪，拨乱反正，若此其易也！今赖四方黎献②，翊戴眇躬③，列圣之泽未远也。朕焦心劳思，不敢爱身以勤民。然屈己和戎，而戎狄内侵；招诱以弭盗，而盗贼犹炽。以食为急，漕运不继而廪乏羡余；以兵为重，选练未精而军多冗籍。吏员猥并，而失职之士尚众；田莱多荒，而复业之农尚寡。严赃吏之诛，而不能革贪污之俗；优军功之赏，而无以消冒滥之风。方今欲外攘，则不足以靖民；取于民有制，则不足以给车徒之众。为人父而自榷其子，则又何以保民而王哉！

朕弗明治道，仍暗事几，凡此数者，常交战于胸中，徒寝而弗寐，当食而叹也。子大夫与国同患难久矣，宜考前世中兴之主，施为次序有切于今者；祖宗传绪累世，其法有可举而行者；平时种学待问，奇谋硕画，本于自得，可以持危扶颠者。其悉意以陈，朕将亲览焉。

对　策

臣对：臣闻祸乱之作，将以开圣人也。商道不衰，何以见高宗；四夷不叛，何以见宣王。汉无昌邑之变，则无以启宣帝；唐无宫壸之变④，则无以启明皇。是以知君天下者，遇祸逢乱，当以刚大为心，无遽以惊忧自沮。灼知此理，然后可以知天意之所在矣！

臣尝历考前古，兴衰拨乱之君，以谓莫善于宪宗，莫不善于文宗。何以言之？宪宗当唐室陵夷之际，藩镇跋扈，主权下移，乃能左顾右盼，慨然起恢复之心。不幸廷臣异议，刺客在朝，京师皇皇，朝不谋夕，惟宪宗当宁发愤，屏声却欲，讨贼之心愈厉。明年平夏，又明年平蜀，又明年平淮、蔡。元和之功，卓然为天下冠，此以刚大为心者也。文宗当昭、愍之后，阉寺执柄，主威不宣，虽能高举远蹈，毅然有扫除之心。不幸委任失当，害及非辜，甘露之祸，言之使人酸楚。岂非文宗遽以泣下沾襟，魂飞气索，自比周赧⑤，又自比汉献，又自谓无与尧舜，又自纵酒以伤其生，悲辛愁苦，不复以朝廷为意，此以惊忧自沮者也！故臣尝断之曰：若宪宗，可谓知天意之所在，若文宗者，又何足与论天意哉！盖祸乱之作，正圣人奋励之时也，何至以惊忧自沮乎？！

今陛下痛九庙未还，两宫犹远，又悯国步之久艰，悼已事之失策，然深察祸乱之故，是乃皇天所以启至圣也。伏惟陛下谨之重之，以刚大为心，无遽以惊忧自沮，庶几与商高宗、周宣王、汉宣帝等相揖于千载之上，合皇天所以畀付之意，不胜臣子至愿。然以刚大为心者，要当夙兴夜寐，恶衣菲食，屏远便佞，登崇俊良，好切直之言，戒声色之惑，先定规模，以定大事。臣观古之圣人，将大有施为于天下者，必先默定规模，而后从事。其应也有候，其成也有形，非若顺风扬帆，一求快意，而无所归赴也。商君之法，非良法也，然而规模先定，故能兵雄天下，臣服诸侯；苏秦之术，非善术也，然而规模先定，故能合六姓⑥之异，却强秦之兵。淮阴对高帝，以北举燕赵，东击齐，南绝楚之粮道，而西会于荥阳，无一不如其言者，规模先定故也。耿弇对光武，以定渔阳，取涿郡，还收富平，而东下齐，无一不如其言者，规模先定故也。

伏仰陛下欲迎九庙，归两宫，安国步而康庶事，式扩规模，固已定于圣心，而又元枢捷报，歼厥渠魁，自前世之君观之，固有满假而自大，以速天下之谤者矣。独陛下不然，乃执谦不居，躬御便殿，亲颁德音，以前世中兴之君为问。至于攘夷狄，弭盗贼，足食练兵，澄冗官，复农业，革贪污而消冒滥，宽民力而给车徒，前世中兴之施为，祖宗传绪之法度，下询于承学之士曰："本于自得，可以持危扶颠者。"此有以知陛下用心之勤也。臣虽智识浅陋，然而仰见规模宏阔深大，辄整冠肃容，再拜稽首曰：猗欤盛哉！有君如此，天下何忧乎！宗庙社稷何忧乎！二圣六宫，暂淹蛮貊，亦何忧乎！臣学术至空虚也，然忠愤所激，敢不敷陈管见，上裨日月之光，臣谨昧死上愚对。

臣伏读圣策曰："古先辟王，继中微之世，承思治之民，芟夷大患，事半而功倍。少康一旅而复有夏，宣王兴衰以隆成周，光武三年而兴汉祚，肃宗再岁而复两京，皆蒙前人之绪，拨乱反正，若此其易也！"臣有以见陛下规模远大，知所以为中兴之本也。臣闻禹有治水之德，民心怀之，故其有天下也十有七世，历年四百六十有二，少康一旅而复有夏者，祖宗之德在人也。稷有播种之德，民心怀之，故其有天下也三十七世，历年八百有余，宣王兴衰以隆成周者，祖宗之德在人也。汉高祖有宽仁之德在人，故其有天下也二十一世，而历年至于四百，然则光武三年而兴汉祚者，岂非蒙高祖之德哉！唐太宗有仁义之德在人，故其有天下也二十四世，而历年仅及三百，然则肃宗再岁而复两京者，岂非蒙太宗之德哉！皇宋一祖六宗，英灵在天，功德在民，中兴之运，正归今日，倘能扩此规模，济以兢谨，果何往而不可乎！

伏读圣策曰："今赖四方黎献，翊戴眇躬，列圣之泽未远也。朕焦心劳思，不敢爱身以勤民，然屈己以和戎，而戎狄内侵。"臣有以见陛下规模远大，知祖宗之德，士民之归，将乘此时，为两宫中国雪积年之耻也。臣观金虏有必亡之势三：夫好战者劳，失其故俗者敝，人心不服者离，而金人皆与有焉，臣请为陛下历陈之。始皇并吞六国，可以止矣。恣心快意，复征南越，曾不知骊山之役未成，而二世子婴已被害而就擒矣，此以好战而伤也。隋文帝远平江东，可以止矣。炀帝嗣位，亲驾征辽，曾不知锦帆未过隋渠⑦，而大盗已据其都矣，此亦好战而伤也。金人负其勇锐，自靖国兴兵，越于今三十余载矣。适国家当此否运，乃敢因势乘便，犯我民人，侵我疆土，夺我两河，又捣我都城，又要我二圣，又入我淮右，践我江浙，转战经年，恃其士马之盛，而不知民力固已殚矣。无平不陂，无往不复，此臣所以言：好战必伤也。

西晋之乱，兵燹侵陵，纷纭于中国，而其豪杰间起为之君长，如刘元海、苻坚、石勒、慕容隽之俦，皆以绝异之资，驱驾一时之贤俊，其强者至有天下大半，宜有以自立，然不过一传再传而已。何也？君臣相戾，上下不安，虽建都邑，立城社，其心岌岌然，常若寄寓于其间，其可恃乎！金人既灭契丹，复陵中国，中国声名文物，洵非遐陬所及，然承平日久，士人或溺词章，小人共安畎亩，怯战斗而恋身家，使金人乐而效之，其亦易弱也，此臣所以言：失其故俗必衰也。

始皇灭韩，张良奋椎击其车，朱泚僭号，段秀实提笏击其额。以今日我士庶，蒿目时艰，固亦有豪杰慷慨之士，欲图之久矣。而又凌辱及于公卿，鞭扑行于殿陛，贵为将相，而不免有臣仆之耻，将见有愤惋郁结，而思变者矣。此臣所以言：人心不服必亡也。区区一刘豫，欲收中国之心，呜呼愚哉！中国之心，岂易收乎！彼刘豫者，何为者耶？素无勋德，殊乏声称，黠雏经营，有同儿戏，何足虑哉！

然金人虽有易衰之势，而我有必兴之理，不可不讲也。臣观古人所以谋人之国，必有一定之计。越王之取吴，是骄之而已；秦之取六国，是散其从而已；高祖之取项籍，是离间其君臣而已。今越之计、秦之计、高祖之计，宜次第而用之。当先用越王之法骄之，使其侈心肆意，无复忌惮，天其灭之，将见权臣争强，篡夺之祸起矣。臣请备论越王所以取吴之术，惟陛下听之。范蠡曰"卑辞厚礼以骄之"，越王则自称曰"草鄙之人"，自称其国曰"贡献之邑"；范蠡曰"玩好女乐以骄之"，越王则先之以皮币，随之以管籥，使大夫女女于大夫，士女女于士。其称吴为天王者，范蠡使尊之以名也；其请亲为前驱者，范蠡使以身为市也。今日之金人，当损益其法可也。

　　呜呼！越王含辛茹苦，志在报吴，非笃志之君，其孰能之？以民之不蕃，而兵之不给也，乃下令于国中曰："壮者无娶老妇，老者无娶壮妻。女子十七不嫁，丈夫二十不娶，则罪其父母。"生男子也，赐束修一犬；生女子也，赐束修一豚。生三人，公与之母，生二人，公与之饩支子⑧。死当室者死，则哭泣之，葬埋之，如其子也。载脂与粱，以食孺子，身耕妻织，以裕国人。国人荷其恩，感其德，愤其土地之狭，而悯其会稽之耻也。于是父兄请战，不许。父兄则又请战，而致其辞曰："越四封之内，其视君也，犹父母也。子而思报父母之仇，臣而思报君之仇，其敢不尽力乎！"及其将行，父勉其子，兄勉其弟，妇勉其夫，曰："孰谓是行也，而可无死乎？"陛下欲搬金人，当先结吾民之心可也。

　　越王之在国也，筋酒豆肉以分左右，饮酒不尽味，听乐不尽声，求以报吴，今陛下有是乎？病者问，死者葬，老其老，长其幼，慈其孤，求以报吴，今陛下有是乎？富者安之，贫者与之，救其不足，裁其有余，求以报吴，今陛下有是乎？南事楚，西事晋，北事齐，春秋皮币玉帛子女以宾服焉，未尝敢绝，求以报吴，今陛下有是乎？如其有也，天下幸甚，若犹末也，伏愿陛下勉之。

　　越王归国四年，愤祖宗之仇，思欲一战以快心，范蠡曰："未可也。"五年而吴王信谗喜优，憎辅远弼，又欲乘其间以伐吴，范蠡曰："姑待之。"七年吴王杀申胥，又欲乘其间以伐吴，范蠡曰："姑待之。"七年而吴国稻蚕不遗种，又欲乘其间以伐吴，范蠡曰："姑待之。"今之金人虽有易衰之势三，然而信谗乎？喜优乎？憎辅而远弼乎？曾杀贤如申胥乎？曾有天灾，如稻蚕不遗种者乎？必也俟其天时去，人事失，然后可以图之。越王归国二十年，乃得举兵以遂其志。其举兵也，必智以度天下之众寡，仁以共三军之饥劳，勇以断疑而决大事，又舌庸使之审赏，苦成使之审罚，大夫种使之审物，大夫蠡使之审备，大夫皋使之审声。其将行也，则背屏而立，委夫人以内政；背檐而立，委大夫以国政。其至军也，则斩通行赂者。又明日徙舍，则斩不从令者。又明日徙舍，则斩不用命者。又明日徇军，则归无兄弟尽在军者。又明日徇军，则归有昏眊之疾者。又明日徇军，则归筋力不足以胜甲兵，志行不足以听命令者。虽列国之君，不足以为今务，然其禁密如此，亦可喜也。故能一战而败吴于囿，再战而败吴于泓，又战而败吴于郊。夷其城，犁其庭，墟其庙，以雪积年之耻。陛下欲报金人，愿观其用心，而以越王之法用之，不亦可乎！

伏读圣策曰："招诱以弭盗，而盗贼犹炽。"臣有见陛下规模远大，欲先靖中国也。臣闻唐太宗之说曰："民之所以为盗者，由赋繁役重，官吏贪求，饥寒切身，故不暇顾廉耻尔。当去奢从俭，轻徭省赋，使民衣食有余，则自不为盗。"韩愈之说曰："刺史不得其官，观察不得其职，财已竭而敛不休，人已穷而赋愈急，其不去而为盗也，亦幸矣。"此皆论良民为赋敛所困，故不得已而为盗尔。今日之事则又甚于此。其横行于州郡，啸聚于山林者，类皆军兵尔。此曹在太平时，贴首妥尾⑨，惟上之令，不幸中国多故，朝廷权轻，何尔动辄怨怒耶！而一夫倡乱，百夫从之，百夫倡乱，千万人从之。然使吾无间而可入，则朱滔不能起卢龙之卒，而李怀光不能强邠宁之兵。今其所以一呼响应者，其心不服也！其心所以不服者，无乃吾恭俭未至乎？用人未当乎？赏无功而罚无罪乎？昔唐德宗放象豹，出宫人，以恭俭服天下；罢常衮，用崔祐甫，以用人服天下；赏淄青将士，以折其奸谋，杖邵光超，以惩其贪冒，又以赏罚服天下。时李正己持兵十五万，雄视山东，其将士闻德宗所为如此，皆投兵相顾曰："明天子出矣，吾辈犹反乎！"不特此也，吐蕃恃其强大，以凌侮中国，非一日积也。德宗即位，使者归告其国主曰："新天子出宫人，放禽兽，威德英武，洽于中国。"吐蕃大悦，遣使入贡。夫德宗恭俭委任，信赏必罚，行于户庭之间，而强蕃悍卒，自格于千里之外，使其恪守此心，终始不变，则贞观之风，亦不难到，奈何其自败坏也。臣愿陛下笃恭俭，谨用人，明赏罚，以收天下之心。若曰：我有甲兵，可以诛其不服；我有招降，可以俟其改过。诚恐去一大盗，其事卒未已也。诚能用臣之说，非特悍卒格心，而蕃戎亦且悔过也。故臣以太宗、韩愈、德宗之事为献。

伏读圣策曰："以食为急，漕运不继，而廪乏羡余；以兵为重，选练未精，而军多冗籍。"此有以见陛下规模远大，知兵食之不可不虑也。臣以谓漕运不继，宜选财赋之官，选练未精，宜责将帅之职。唐代宗以国用虚乏，馈饷纷纷，独得一刘晏，斡山海，排商贾，制万物低昂，操天下赢赀，而军用以给，以财赋得其人也。臣愚欲于常赋之外，创置一司，名曰"军兴"。凡辟市榷酤，载在有司者，不与其数，独变通有无，权制轻重，使利归公上，敛不及民。出入钱谷，勾检簿书，则付之士类，书符檄，觇低昂，则付之皂吏。明敏精悍如刘晏辈，实司其职，夫何忧漕运之不继乎！马燧之在河东也，驭马厮役，教以骑射，制甲有长短之等，造车为行止之宜，比及二年，得精兵二万，以将帅得其人也。臣愚欲于冗兵之数，创置一军，名曰"精锐"。凡攻卫战斗，功在有司者，不与此选，独招降之兵，擒获之兵，俾弓矢戈矛，随器而使，有能者则书之尺籍，其无能者则驱之屯田，择强力勇毅如马燧辈，实司其职，夫何忧选练之未精也！

伏读圣策曰："吏员猥并，而失职之士尚众；田莱多荒，而复业之农尚寡。"此有以见陛下规模远大，知吏农之不可不虑也。臣以谓吏员猥并，宜行辟举之法，田莱多荒，宜行屯田之法。昔沈既济欲宰臣叙群司，州郡辟僚佐，其意欲无失职之士也。臣愚欲使宰臣精选太守、部使者之职，若群僚，则太守辟举，若监当、若巡尉，则使者辟举，举而不当，重者褫其职，轻者罚其金，吏部台谏得以纠正之。每辟一员，则具二人以待之。补者既上，则又辟一人以待之，前后相承，虽怠者亦励。夫国家所以设官分职，将惟贤才之求，非为尔衣食之资也。志在衣食，胡不为工乎，为商乎，为农而力田亩乎！胡为在缙绅之列也。夫责之以士人，则朝廷待之亦不可轻。凡太守、监司之赴官也，若内若外，皆陛辞而后行。监司为一辈，郡太守为一辈，当行之日，陛下亲御正殿，借辞色告监司，则曰："一路官吏，实汝之托。"告郡守，则曰："一郡官吏，实汝之托，汝当夙夜以思，宣我所以爱民之意。予有大赉，报汝功，亦有大罚，惩不恪。"庶几贤才并用，则失职非所患也。

昔邓艾欲行陈、项以东，屯田两淮，得谷五万斛，其意欲得复业之农也。臣愚不敢远引，且以镇江一路论之。屯兵江口，无虑数万人，就以二万人论之，人必有家，家止五人，人日二升，日计二千斛，月计六万斛，则岁百万斛矣。顾此馈运，非由天降，非从地出，皆当取之于民。三吴之间，旱暵⑩仍岁，长淮以北，草莽连云，去岁到今，米斗千余，今此下民，谁救其迫？而又迫需急于星火，棰械酷于秋霜，开元屯田之法，振武屯田之法，不知其可用乎？勋官八品以上，前资七品以上，此建官之法也；土柔则五十亩而一牛，土刚则二十亩而一牛，此耕耨之法也。如是之法，出于开元。募人为十五屯，屯置一百五十人，令各就高为堡，东起振武，转而极西，过云州界中，出入河山之险，八百余里，寇来不能为害，人得肆耕其中。如是之法，出于振武。臣愿自淮以北，开置屯田，参开元、振武之法，非特足以招复业之农，而军储所资，亦足以宽其忧矣。

伏读圣策曰："严赃吏之诛，而未能革贪污之俗；优军功之赏，而无以消冒滥之风。"此有以见陛下规模远大，欲清流欲而惩侥幸也。昔毛玠为尚书，而士大夫不敢鲜衣美食；杨绾为宰相，而豪贵功臣为之撤乐毁第，减驺御。赃吏贪污，流风远矣。臣愿陛下去声远色，躬俭节用，以励朝廷；朝廷宰相，却苴苴，断货贿，以励狷胥，而惩狡吏。又何患贪污之弗革乎！昔元载、王缙秉政，四方以贿求官者，相踵于门，大者出于载、缙，小者出于卓英倩，皆如所欲而去。代宗欲得士大夫之不阿附者为己用，乃擢李栖筠为御史大夫，事出主意，宰相不知，缙等由是稍绌。臣今欲用此策，以消冒滥可乎！凡大将以功来上，陛下亲据其中一二人，晏见而劳问之，果有功者，优加拔擢，其或言语不伦，事涉诞罔者，痛加惩斥，又何患冒滥之弗消乎！

伏读圣策曰："方今欲外攘夷狄，则不足以靖民；取于民有制，则不足以给车徒之众。为人父而榷其子，则又何以保民而王哉？"此有以见陛下规模远大，恤民如是之深也。臣伏读圣问至此，不觉涕泗交颐，仰知陛下仁心如天地之大，而天下弗知也。臣观滨江郡县，为守为令者，类无远图。阳羡、惠山之民，何其被酷之深也！率敛之名，种类阔大，秋苗之外，又有苗头；苗头未已，又行折八；折八未已，又曰大姓；大姓竭矣，又曰湮实；湮实虚矣，又曰均敷；均敷之外，名字未易数也。流离奔窜，益以无聊。前日桑麻沃润，鸡犬相闻，今为狐狸之居，虎豹之宅。苍烟白露，弥望满野。彼所谓守令，独抵几而言曰："与其委之于盗贼，孰若输之于国家。"呜呼！安得此委巷之语乎！堂堂国家，而下比于盗贼，不忠之罪，莫大于此矣！夫节财即生财之道也。今藩方大使，各置使臣，收召亲戚，竭民膏血以市私恩，或曰"准备"或曰"干办"者，不知其几人也。色目纷纷，难以数举。凡医巫卜祝之流，皆在其选。又诸县添置武尉，尤为无用。见敌则走，小胜则杀贫民以要功，居山则卖私茗，滨海则鬻私醯，未及交付，则已捕之为己功矣。不知平时剥肤椎髓，敛怨招谤，以廪此曹，果何谓哉！臣愿陛下明降诏书，戒饬藩方，罢去武尉，以苏凋瘵，此亦保民之道也。

伏读圣策曰："朕弗明治道，仍暗事几，凡此敬者，交战于胸中，徒寝而弗寐，当食而叹也。子大夫与国同患难久矣，宜考前世中兴之主，其施为次序有切于今者；祖宗传绪累世，其法有可举而行者；平时种学待问，奇谋硕画，本于自得，可以持危扶颠者。其悉意以陈，朕将亲览。"臣有以见陛下规模远大，谦冲退托，将以追配前王，绍述祖宗，旁搜远取，以尽愚夫之虑也。臣窃谓中兴之主，大抵以刚德为上。是故震伐鬼方者，高宗之刚；有严有翼者，宣王之刚；信赏必罚者，宣帝之刚；赳赳雄断者，光武之刚也。陛下之欲中兴，当以刚德为主，去谗节欲，远佞防奸，此中兴之本也。祖宗传绪之意，大抵以俭德为主。恭闻仁祖服浣衣，寝绨被，力行恭俭，不忍费一毫以伤民力，至今父老言我仁祖，必泣下沾襟。盖俭必仁，仁必能感天下。陛下欲绍祖宗，当以俭德为主，珍奇弗御，玩好弗求，此祖宗之意也。夫攘夷狄，弭寇盗，足食练兵，澄冗官，复农业，革贪污而消冒滥，宽民力而给车徒者，臣以一言而该之，不过曰"刚"与"俭"而已。然刚俭之德，圣心自明，天下犹未信者，何也？臣窃有说焉。

臣尝读《左氏传》，见吕甥论君子小人情状，于秦穆公何其切至也。其曰："小人戚谓之不免，君子恕以为必归。"又曰："小人曰'秦岂归君'，君子曰'秦必归君'。"又曰："小人曰'必报仇'，君子曰'必报德'。"夫士人所见高远，故其言多恕，小人所见浅狭，故其语易深。善夫孟子有曰："百姓皆以王为爱也，臣固知王之不忍也。"夫百姓以齐王为爱牛，以小人之见，每如此也。然小人满天下，而所谓士人者几何？虽家置一喙，言提其耳，不能胜众多之口也。则人主于食息謦咳之间，其可以弗谨乎？

夫文王一饭，武王亦一饭，文王再饭，武王亦再饭，是武王以身试文王之安否也。盖一饭则我力微矣，今吾亲一饭而已，力不其微乎，此其所以可忧也。再饭则我力强矣，今吾亲至于再饭，无乃寿考之期乎，此所以可喜也。夫武王之于文王如此。若陛下之心，臣得而知之。方当春阳昼敷，行宫别殿，花柳纷纷，想陛下念两宫之在北边，尘沙漠漠，不得共此融和也，其何安乎？

盛夏之际，风窗水院，凉气凄清，窃想陛下念两宫之在北边，蛮毡拥蔽，不得共此疏畅也，亦何安乎？澄江泻练，夜桂飘香，陛下享此乐时，必曰："西风凄劲，两宫得无忧乎？"狐裘温暖，兽炭春红，陛下享此乐时，必曰："朔雪衰丈，两宫得无寒乎？"至于陈水陆，饱奇珍，必投箸而起曰："雁粉腥羊，两宫所不便也。食其能下咽乎？"居广厦，处深宫，必抚几而叹曰："穹庐区脱，两宫必难处也。居其能安席乎？"今闾巷之人，皆知有父兄妻子之乐，陛下虽贵为天子，富有四海，以金人之故，使陛下冬不得温，夏不得清，昏无所于定，晨无所于省，问寝之私，何时可遂乎？在原之急，何时可救乎？日往月来，何时可归乎？每岁时遇物，想惟圣心雷厉，天泪雨流，抚剑长吁，思欲扫清蛮帐，以还二圣之车。此臣心之所以知陛下者如此，若小民之心则不然。以谓搜揽珍禽，驱驰骏马。道路之言，有若上诬圣德者，此臣所以食不甘味，寝不安席，不量微贱，思为陛下雪之也。深察其言，盖亦有自焉。

唐阉人仇士良致仕，其党送归私第，教以固宠之术曰："天子不可令闲，尝当以奢靡娱其耳目，使日新月盛，无暇及他事。"又曰："谨勿使之读书，亲近儒生，彼见前代兴亡，知忧惧，则吾辈疏斥矣。"其党拜谢而去。此术既行，卒使天子昏惑于上，大臣壅蔽于下，兵柄在手，官爵在手，废立在手，至自称曰"定策国老"，而称昭宗曰"门生天子"。呜呼！不臣之态，臣岂忍陈于君父之前。彼私求禽马，动以陛下为名，此臣之所以耻也，又何怪乎小民？陛下欲尊临宸极，泽及寰区，何不反其术而用之，勿为其所陷也。且阉寺闻名，国之不祥也，是以尧舜阉寺，不闻于《典谟》，三王阉寺，不闻于《誓诰》。竖刁闻于齐，而齐乱，伊戾闻于宋，而宋危。今此曹名字，稍稍有闻，此臣所以忧也。

窃惟万乘之尊，深居邃宇，万机之暇，何以为情？贤士大夫，晏见有时矣，宦官子女，安居前后矣。有时者易疏，前后者难间，圣情荏苒，不知其非。不若使之安扫除之役，复门户之司，凡交结往来者有禁，敢与政事者必诛。陛下日御便殿，亲近儒者，讲诗书之指归，论古今之成败，追求典故，历访民情，不在于分文析字，绎章绘句，为书生之学，以取天下之名也。呜呼！隋炀帝、陈后主岂曰不文，适足以亡国而已，果何补于人主之学欤！臣愿陛下之为学也，见前世道德之主，英明之王，则瞻之仰之，退而自省曰："吾其以此为法乎！"见前世暴虐之主，则震焉沮焉，退而自省曰："吾其以是为戒乎！"读贤臣传，默观百僚中有类是者，任之勿疑；读佞臣传，默观左右类是者，诛之无赦。久之不倦，将闻阉寺之言，见便佞之态，如狐狸夜号，而鸱枭昼舞也，则陛下之圣德进矣。

昔唐宪宗卓卓为中兴之主，其必有以也。及观其与宰相论道于延英殿，日旰暑甚，汗透御服，宰相请退，宪宗留之曰："朕入禁中，所与游者，独宫人宦官尔，故乐与卿等共谈。"为理之要，此其所以兴乎！臣闻鸣鹤在阴，其子和之，陛下勿谓深宫密殿，万事无迹也。然善恶未究，四海已知。历观前史所载，宫闱之谋，床笫之语，想见时君以谓宫中不得而知也，而况外庭乎？外庭不得而知也，而况天下乎？然而皎如日星，不可掩没，卒为天下后世之所嗤笑。呜呼，其亦可畏也哉！故古人有言曰："莫见乎隐，莫显乎微，故君子谨其独也。"谨独之学，其用甚大，陛下不可不知也。古之圣人所以端拱岩廊，而四方万里，日趋于治，天地清明，日星循轨，百谷用成，蛮夷率服，用此道也。心一不善，足以伤天地之和；心欲悔过，固已同天地之德。古之圣人所以趋众善之门，而得改过之要者，不过听谏一路而已。此臣所学于师，盖以为持颠扶危之术也。舜至人也，而益戒之以罔游于逸，罔淫于乐；武王亦圣人也，而召公戒之以不矜细行，终累大德。以至禹有善言之拜，汤有改过之称。汉高祖何人也，止能听谏，故能成四百载之大业；唐太宗亦何人也，止能听谏，故能成三百载之洪基。至于商纣杀谏臣，其祚终归于周室；成帝杀谏臣，其祚终移于王氏；明皇杀谏臣，其祚终微于禄山。杀一谏臣，真若无与于治乱也？然乱臣贼子，苛政虐刑，一切不得闻也，不亡何待乎！故臣愿陛下先以谨独为心，后以听谏为意，奖借言路，以旌直士之风，以至远阉寺，亲儒臣，以成就规模之大，此臣所望于陛下也。

草茅贱士，充赋在庭者，志在一第尔。独臣不揆愚贱，妄议国体，负罪于不可赦，可谓愚矣。然臣闻天下之事，宰相能行之，谏官能言之，职不在此，虽抱奇策，拥雄材，无路可进，卒于老死而已。伏惟国家策士之制，上自公卿之子弟，下至山林之匹夫，皆得自竭以罄其所怀。非天子黜陟赏罚之吏，而得议百官之长短；非天子钱谷大农之吏，而得推财赋之多少；非天子帷幄将帅之臣，而得论兵革之强弱。则夫宰相、谏官之事，一旦得以详说而悉数之，而臣何敢无说以处于此。又况晏子一言，而使齐侯省刑；田千秋一言，而使武帝念太子；柳伉一言，而使代宗黜程元振。谁谓皇皇大宋，无其人乎！《皋陶谟》曰："天叙有典。"是父子之间，君臣之际，无非天理也。臣处闺门之内，勉明孝道久矣。今自山林中来，望见陛下，突兀孤忠，卓然发于悱愊，不可遏也。此盖天理自然，无足怪者。臣或志在爵禄，不为陛下一言，臣谁欺，欺天乎！故臣虽进一言，退受铁钺之诛，于司败，不忍欺天，以昧此心也！惟陛下幸赦其愚。臣谨对。

注 释

①古时帝王立庙祭祖。有太祖庙及三昭庙、三穆庙。共七庙，见《礼记·王制》。王莽地皇元年，增为祖庙五，宗庙四，共九庙。此后历代帝王皆立九庙。 ②众多贤人。 ③皇帝对自己的谦称。 ④指唐玄宗即位前后，宫廷中所发生的一系列政变事件。 ⑤东周的最后一位君主周赧王姬延。 ⑥指魏、韩、赵、楚、燕、齐六国。 ⑦隋炀帝开永济渠以成南北运河，所以大运河又被称为隋渠。 ⑧发放粮食津贴。 ⑨形容安定、顺从的样子。 ⑩指干旱。暵，枯槁，干涸。

赏 析

张九成绍兴二年状元对策以磅礴气势展现南宋士人救时之志。全文以"刚德""俭德"为纲，纵横捭阖间彰显深厚史学积淀。其对策妙在借古喻今而不泥古，将越王勾践"十年生聚"之策转用于抗金大业，提出"骄敌、离间、合纵"三策，既显战略眼光又具实操性。论民生疾苦时痛陈苛税酷吏，以"苍烟白露，弥望满野"之惨状直刺时弊，谏诤锋芒毕现。更可贵者，在君权至上的科场中，敢于直言帝王须"谨独""听谏"，将儒家治国理念与战时特殊情势相融合，既恪守忠君之道，又保持士人风骨，堪称南宋初期经世致用文的典范之作。

绍兴二十七年（1157）丁丑科

状元：王十朋

策 问

盖闻监于先王成宪，其永无愆①。遵先王之法而过者，未之有也。仰惟祖宗以来，立纲陈纪，百度著明，细大毕举，皆列圣相授之模，为万世不刊之典。朕缵绍丕图，恪守洪业，凡一号令、一施为，靡不稽诸故实，惟祖宗成法，是宪是若。然画一之禁，赏刑之具，犹昔也，而奸弊未尽革；赋敛之制，经常之度，犹昔也，而财用未甚裕；取士之科，作成之法，犹昔也，而人才尚未盛；黜陟之典，训迪之方，犹昔也，而官师或未励。其咎安在？岂道虽久而不渝，法有时而或弊，损益之宜有不可已耶？抑推而行之者非其人耶？朕欲参稽典册之训，讲明推行之要，俾祖宗之治复见于今，其必有道。子大夫学古入官，明于治道，蕴蓄以待问久矣。详著于篇，朕将亲览。

对 策

臣对：臣闻有家法，有天下法。人臣以家法为一家之法，人君以家法为天下之法。人君之与人臣，虽名分不同，而法有大小之异。至于能世守其法者，则皆曰"权"而已。人臣能执一家之权，守一家之法，以示其子孙，则必世为名家；人君能执天下之权，守其家法以为天下法，贻厥子孙而施诸罔极，则必世为有道之国。盖法者，治家治天下之大具；而权者，又持法之要术也。今陛下亲屈至尊，廷集多士，访治道于清问之中。首以监于先王成宪，恪守祖宗之法为言，是则陛下欲守家法以为天下法者，固已得之矣。臣获以一介草茅与子大夫之列，仰承圣诏，其敢不展尽底蕴，茂明大对，以为陛下遵祖宗守成法之献耶？臣之所欲言者无他焉，亦曰揽权而已。

尝谓君者，天也。天之所以为天者，以其聪明刚健，司庆赏刑威之权而不昧也。君之所以为君者，以其能宪天聪明，体天刚健，司庆赏刑威之权而不下移也。天执天之权而为天，君执君之权而为君，故天与君同称大于域中，而君之名号，必以天配。以天道而王天下也，则谓之"天王"；以天德而子兆民也，则谓之"天子"；居九五正中之位，则谓之"天位"；享万寿无疆之禄，则谓之"天禄"；五服五章者，谓之"天命"；五刑五用[②]者，谓之"天讨"；就之如日者，谓之"天表"；畏之如神者，谓之"天威"。居曰"天阙"，器曰"天仗"，法曰"天宪"，诏曰"天语"。天之大不可以有加，君之大亦不可以有加者，以其咸能司域中之权而已矣。恭惟陛下，蕴聪明之德，体刚健之资，躬亲听断，动法祖宗。一诏令之下，而万民莫不鼓舞者，如天之雷风；一德泽之布，而万民莫不涵泳者，如天之雨露；开众正之路，杜群枉之门，而万民莫不悦服者，如天之清明；为政日新，日日新，又日新，而万民莫不拭目以观者，如天之运行而不息。巍巍乎！荡荡乎！固不可以有加矣！而臣犹以法天揽权为言者，盖陛下之德，虽不可以有加，而臣子之心，每以有加无已而望陛下，此臣所以昧死尽言而不知讳也。

臣伏读圣策，首以监于先王成宪，其永无愆，遵先王之法，而过者未之有为言；次及于祖宗立纲陈纪，列圣相授之道；又次以今日奉行，而不能无四者之弊为问。臣有以见陛下知致治之道在乎守成宪、遵祖宗，欲革今日之弊也。臣窃谓陛下能揽威福之权，率自己出，则成宪有不难守，祖宗有不难法，时弊有不难革，天下有不难治。凡所以策臣者，皆不足为陛下忧矣。不然，陛下虽勤勤问之，臣虽诜诜诵之，无益也。臣观自古善言治之人，未尝不以揽权为先。自古善致治之君，亦未尝不以揽权为先。惟辟作福，惟辟作威，惟辟玉食，臣无有作福作威玉食者，箕子告武王之言也。天下有道，礼乐征伐自天子出；至于无道，则自诸侯大夫出者，孔子垂戒后世之言也。谓庆赏刑威曰君，君能制命为义者，左氏记时人之言也；谓堂陛不可以相陵，首足不可以相反者，贾谊告文帝之言也。此臣所谓善言治之人，未尝不以揽权为先也。三皇官天下者，揽福威之权以官之也；五帝家天下者，揽福威之权以家之也；三王计安天下，而历年长且久者，揽福威之权以安之也。汉宣帝善法祖宗之君也。然其所以能守祖宗之法，致中兴之业者，无他焉，以其能革霍光专政之弊，躬揽福威之权而已。观其综核名实，信赏必罚，斋居决事，听断惟精，而神爵、五凤之治，号为吏称民安，功光祖宗，业垂后裔者，盖本乎此也。光武亦善法祖宗之君也。然其所以能守祖宗之法，建中兴之功者，无他焉，以其能鉴西京不竞之祸，躬揽福威之权而已。观其总揽权纲，明慎政体，退功臣而进文吏，戢弓矢而散马牛。建武之政，号为止戈之武，系隆我汉，同符高祖者，盖本乎此也。唐明皇善法祖宗之君也。然其所以能守祖宗之法，致开元之治者，以其能革前朝权戚干政之弊，躬揽福威之权而已。初，明皇锐于求治，姚崇设十事以要说之，其大概则劝其揽权也。帝自谓能行，由是励精为治，责成于下而权归于上矣。宪宗亦善法祖宗之君也。然其所以能守祖宗之法，致元和之治者，以其能惩前日沾沾小人窃柄之弊，躬揽福威之权而已。初，宪宗锐于致治，杜黄裳惧不得其要，劝其操执纲领，要得其大者，帝嘉纳之。由是励精为治，纪律设张，赫然号中兴矣。此臣所谓自古善致治之君，未尝不以揽权为先也。

　　陛下惩前日权臣专政之久，收还福威之柄，运独化于陶钧③，裁万几于独断，天下翕然称陛下为英主，凛凛乎汉宣帝、光武、唐明皇、宪宗之上矣！而臣尤劝陛下揽权者，非欲陛下衡石程书④如秦皇帝，而谓之揽权也；又非欲陛下传餐德政如隋文帝，而谓之揽权也；又非欲其强明自任、亲治细事、不任宰相如唐德宗，而谓之揽权也；又非欲其精于吏事、以察为明、无复仁恩如唐宣宗，而谓之揽权也。盖欲陛下惩其所既往，戒其所未然，操持把握，不可一日而少纵之，使福威之柄一出于上，不至于下移而已。臣窃谓陛下欲守祖宗之法，莫若躬揽福威之权；欲揽福威之权，又莫若行陛下平日之所学。五经泛言治道，而《春秋》者，人主揽权之书也。陛下圣学高明，缉熙不倦，万几之暇，笃好此书。固尝亲洒宸翰，以书经传，刊之琬琰，以诏学者矣。迩者又命儒学近臣，于经筵讲读之，是则夫子二百四十二年行事之迹，固已默得于圣心之妙。至于其间可为揽权之法者，臣请为陛下诵之。《春秋》书王曰天王者，所以为人君法天揽权之法；有书王不书天者，所以为人君不能法天揽权之戒；书朝书会者，欲朝会之权必出于天子也；书侵书伐者，欲征伐之权必出于天子也；书僭礼乱乐者，欲其收礼乐之权也；书僭赏滥罚者，欲其收赏罚之权也。权在诸侯则讥之，如践土之盟之类是也；权在大夫则刺之，如鸡泽之盟之类是也。先王人而后诸侯者，欲权在王人也；内中国而外夷狄者，欲权在中国也。书盗一字者，所以戒小人之窃权也；书阍一字者，所以防刑人之弄权也。凡一字之褒重于华衮者，皆所以劝人君揽权以作福；凡一字之贬重于斧钺者，皆所以劝人君揽权以作威。臣愿陛下尊圣人之经，行圣人之言，以是正天下之名分，以是定天下之邪正，以是成天下之事业，则何患乎不能监先王之宪，遵祖宗之法，革今日之弊耶？

臣伏读圣策曰："仰惟祖宗以来，立纲陈纪，百度著明，细大毕举，皆列圣相授之模，为万世不刊之典。朕缵绍丕图，恪守洪业。凡一号令一施为，靡不稽诸故实，惟祖宗成法是宪是若。"臣有以见陛下谦恭抑畏，不以聪明自居，必欲行祖宗之法，以致中兴之治也。臣窃谓陛下欲法祖宗以致治，又不可不法《春秋》以揽权。臣谨按《春秋》有变古则讥之之书，有存古则幸之之书，有复古则善之之书。经书"初献六羽"者，讥隐公不能守祖宗之法，而辄变先王之乐也；书"初税亩"者，讥宣公不能守祖宗之法，而轻变成周之彻也。此所谓变古则讥之者也。书"犹三望"者，讥僖公不郊，而幸其犹三望；书"犹朝于庙"者，讥文公不告朔，而幸其犹朝于庙。此所谓存古则幸之者也。襄公十一年书"作三军"者，讥其变古也；昭公五年书"舍中军"者，善其复古也。此所谓复古则善之者也。《书》曰："无作聪明乱旧章。"《诗》曰："不愆不忘，率由旧章。"汉惠帝用曹参，守萧何之法，而海内晏然；武帝用张汤，取高皇帝之法纷更之，而盗贼半天下。守祖宗之法者，其治如此；变祖宗之法者，其乱如彼，为人主者其可自坏其家法耶！

我太祖、太宗，肇造我宋之家法者也。真宗、仁宗，至于列圣，守我宋之家法者也。先正大臣，若范质、赵普之徒，相与造我宋之家法者也。在真宗时，有若李沆、王旦、冠准；在仁宗时，有若王曾、李迪、杜衍、韩琦、范仲淹、富弼之徒，相与守我宋之家法者也。侧闻庆历中，仁宗出御书十三轴，凡三十五事。其一曰遵祖宗训；二曰奉真考业；三曰祖宗艰难，不敢有坠；四曰真宗爱民，孝恩感噎。故当时君圣臣良，持循法度，四十二年之间，治效卓然者，盖本乎此。又闻熙宁中，先正司马光于经筵进讲，至萧何、曹参事，谓参不变何法，得守成之道。且言祖宗之法，不可变也。异日吕惠卿进讲，立说以破之。谓法有一年一变者，正月始和，布法象魏是也；有五年一变者，巡守考制是也；有三十年一变者，刑罚世轻世重是也。光随而折之曰：布法象魏，布旧法也，非变也。诸侯有变礼易乐者，王巡守则诛之，王不自变也。刑，新国用轻典，乱国用重典，平国用中典，是谓世轻世重，非变法也。观二臣之言，亦足以见其人之邪正矣。陛下自即位以来，固未尝不遵守祖宗法。比年有出于一时申请权宜而行者，致与成法或相抵牾。迩者陛下面谕群臣，谓国家政事，并宜遵守祖宗，今又发于清问，以求致治之效。臣有以见陛下得持盈守成之道，真仁宗之用心矣。然臣复以揽权为言者，盖春秋讥时王失揽权之道，故诸侯遂有变法之弊。今陛下欲守祖宗之法，宜用春秋赏罚之权以御之可也。大臣有清净如曹参者，宜命之持循；忠正如司马光者，宜俾之讨论。变乱如张汤者则诛之，异议如吕惠卿者则斥之。如是则祖宗良法美意，可以垂万世而无弊矣，尚何患乎天下之不治哉！

臣伏读圣策曰："画一之法，赏刑之具犹昔也，而奸弊未尽革。"臣有以见陛下欲行祖宗之法，在乎明赏刑以革弊也。臣窃谓欲奸弊之尽革，不可不法《春秋》以揽权。盖《春秋》之法，非孔子之法也，成周之法也。故杜预曰："周公之志，仲尼从而明之。"经有书赏者，如锡命威公，锡命文公，锡命成公之类，皆所以讥时王之滥赏，非周公之赏也。有书刑者，如杀其大夫，放其大夫，杀其公子之类，皆所以讥时君之滥刑，非周公之刑也。时王失周公赏刑之法，不能革当时之奸弊，故仲尼以笔削之，权代之善劝而淫惧焉。我祖宗制赏刑之法，载在有司，画一之章，昭然可睹。创之者如萧，守之者如曹。未尝有滥赏也，而赏必当乎功；未尝有淫刑也，而刑必当乎罪。历世行之，弊无不革者，盖以圣祖神宗，能揽权于上，而群臣能奉行于下故也。故司马光自为谏官及为侍从，尝以人君致治之道三献之仁宗，又献之英宗，又献之神宗，而其二说则在乎信赏必罚也。三宗既用其言以致极治矣。光以清德雅望⑤，执政于元佑之初，躬行其言，以革时弊，进退群臣邪正之甚者十数人，天下皆服其赏刑之当，一时之弊亦无不革者。我三宗真盛德之君，而光亦可谓救时贤相也。迩者陛下躬亲万几，一新时政，斥逐奸邪，登用耆旧，禁锢者释，告讦者诛，兹赏刑之至公，而革弊之甚大者也。圣策犹以奸弊未革为忧者，岂今日朝廷，犹有僭赏滥罚如春秋时乎？臣不敢不陈其大概。

夫人主赏刑之大者，莫如进退天下之人才。今陛下每进一人，必出于陛下素知其贤，亲自识擢可也。不然，则出于大臣侍从，公心荐举可也。不然，则采于舆论，而天下国人皆曰贤可也。苟不出于三者，而一旦遽进之，则议者必曰：某人之进也，出于某人阴为之地也。如是则一人之滥进，有以损陛下作福之权矣。陛下每退一人，必出于陛下灼知其罪，震怒而赐谴可也。不然，则出于谏官御史，公言论列可也。不然，则得于金言，而天下国人皆曰有罪可也。苟不出于三者，而一旦遽退之，则议者必曰：某人之退也，出于某人阴有以中之也。如是一人之误退，有以损陛下作威之权矣。昔舜举十六相，而天下悦其赏之当；去四凶人，而天下服其罚之公。陛下苟能以祖宗制赏刑为法，以虞舜用赏刑为心，执《春秋》赏刑之权以御之，则何患乎奸弊之不革耶？若夫有某劳进某秩以为赏，犯某事得某罪以为罚，此特有司之职耳，非人主福威之大者，臣不复为陛下言之也。

臣伏读圣策曰："赋敛之制，经常之度犹昔也，而财用未甚裕。"臣有以见陛下欲行祖宗之法，在乎裕财用以经邦也。臣窃谓欲财用之有裕，又不可不法《春秋》以揽权。谨按《春秋》书"臧孙辰告籴于齐"者，讥庄公不节国用，一岁不熟而告急于外也；书"初税亩"者，讥宣公不节国用，变成周什一之法，至于履亩而税也；书"作丘甲⑥"者，讥成公不节国用，至于以丘而出甲也。书"用田赋"者，讥哀公不节国用，至于用亩而出军赋也。《春秋》书告者不宜告，书初者不宜初，书作者不宜作，书用者不宜用。臣由是知《春秋》赋税之书，为人君节用裕财之训明矣。昔孔子对齐景公之问政，不曰政在生财，而曰政在节财。有若对鲁哀公之问年饥，不告之以生财之术，而告之以盍彻。臣又知裕国之术，实在乎节用也。侧闻太祖皇帝有言曰："我以四海之富，宫殿悉以金银为饰，力亦可办。但念我为天下守财耳，岂可妄用？古称以一人治天下，不以天下奉一人。"呜呼！大哉言乎！真可为万世子孙保国之训也。又闻仁宗圣性，尤务俭约。器用止于漆素，衾褥止用黄绨。嘉祐间临轩策士，出"富民之要在节俭"以为御题。时吕溱赋曰："国用既节，民财乃丰。"仁宗悦之，擢为第一。观仁宗取士命题之意，又真可为万世子孙保国之训也。又闻熙宁初，司马光、王安石同对，论及救灾节用事。安石曰："国用不足者，以未得善理财者也。"光曰："善理财者，不过头会箕敛，以尽民财。民穷为盗，非国之福。"安石曰："不然，善理财者，不加赋而上用足。"光曰："天下安有此理！天地所生，财货万物，止有此数，不在民则在官。譬如雨泽，夏涝则秋旱。不加赋而上用足，不过设法阴夺民利，其害甚于加赋。此乃桑弘羊欺汉武帝之言，太史公书之以见武帝不明耳。"司马光之名言，真可为节用理财之法，聚敛毒民者之深戒也。

陛下自和戎以来，兵革不用二十年矣。是宜仓廪富实，贯朽粟陈⑦，如成、康、文、景时可也。而圣策乃以财用未裕为忧，虽臣亦窃疑之。岂国家用度之际，有所未节乎？奢侈之风，有所未革乎？不急之务，无名之费尚繁乎？今赋人不及祖宗全盛之日，而用度不减祖宗全盛之时。三年郊祀之礼所不可免者，而臣下赏赐之费有可得而省也；不得已之岁币所不可免者，而使命往来之费可得而省也；百官之俸所不可免者，而冗官可得而省也；六军之食养所不可免者，而冗兵可得而省也。臣所谓用度之际有所未节者，如此之类，不止乎此也。朝廷往尝屡有禁销金之令矣，而妇人以销金为衣服者，今犹自若也；又尝有禁铺翠之令矣，而妇人以翠羽为首饰者，今犹自若也。是岂法令之不可禁乎？岂宫中服浣濯之化，衣不曳地之风，未形于外乎？臣所谓奢侈之风有所未革者，盖在乎此也。臣又闻之道路，谓远夷外国，有以无益之奇玩，易我有用之资财者；池台、苑囿、车骑、服御，有未能无所增益者；中贵、外戚、便嬖、使令、倡优、伶官之徒，有未能无非时赏赐者。臣所谓不急之务、无名之费尚繁者，盖在乎此也。昔汉文帝躬行节俭以化民，而海内至于富庶。臣愿陛下揽权于上，而革众弊，以文帝及我太祖仁宗恭俭为法，以《春秋》所书为戒，则何患乎财用之不裕乎？若夫自同予聚敛之臣，献生财之术，则臣不敢也。

臣伏读圣策曰："取士之科、作成之法犹昔也，而人才犹未盛。"臣有以见陛下致治之道，在乎得士，而欲人才之盛，如祖宗时也。臣窃谓陛下欲人才之盛，宜揽育才取士之权。臣谨按《春秋》书作丘甲，谷梁因论古者有四民，而以士民为首。范宁释之曰："士者，治道艺者也。"又按经书单伯送王姬。谷梁曰："单伯者，我之命大夫也。"范宁释之曰："古者诸侯贡士于天子，大国三人，次国二人，小国一人。"又按《公羊春秋》曰："什一行而颂声作。"何休因论及成周之时，井田校室之制，大学小学之法，养士取士之说为甚详。又按经赦许止之罪。谷梁曰："子生三月，不免水火，母之罪也；羁贯成童，不就师傅，父之罪也；就师傅，学问无方，心志不通，己之罪也；心志既通，而名誉不彰，朋友之罪也；名誉既彰，而有司不举，有司之罪也；有司举之，而王者不用，王者之过也。"《春秋》伤时王失育才取士之权，而默寓其意于笔削之际。公羊、谷梁、范宁、何休之徒，从而发明之，亦可谓有功于风教矣。

我祖宗以来，取士于科举，是古者诸侯贡士之法也；养士于太学，是古者校庠序之法也；又有制科以待非常之士，是有取于汉唐盛世之法也。进士科或用诗赋，或用经义，虽更变不同，而未尝不得人也；太学之士，或出于舍选，或出于科举，虽作成不同，而亦未尝不得人也。二百年间，名臣巨儒，建勋立业，背项相望，莫不由此途出，可谓盛矣。陛下往者虽在干戈日不暇给之中，而亦未尝废俎豆之事。自偃兵以来，复兴太学以养诸生。其取士之科，作成之法，一遵祖宗之旧，恩甚渥也。而圣策犹以人才未甚盛为忧者，臣辄献挽权之说焉。今取士之科、作成之法虽曰犹昔，而人才非昔者，由福威之权下移于前日故也。夫法之至公者，莫如取士；名器[8]之至重者，莫如科第。往岁权臣子孙门客，省闱殿试，类皆窃巍科，而有司以国家名器为媚权臣之具，而欲得人可乎？朝廷比因外台之言，例行驳放，士论莫不称快。臣愿陛下常揽福威之权以御之，严诏有司，谨取上之公法，而无蹈往年之覆辙可也。至所谓作成者，盖欲作成其器，如鸢飞鱼跃，涵养其平日之刚方，而成就其异时之远大者耳，非取其能缔章绘句以媒青紫也。自权臣以身障天下之言路，而庠序之士，养谀成风。科举之文，不敢以一言及时务，欲士气之振可乎？臣闻嘉祐间，仁宗以制科取士，时应诏者数人，眉山苏辙之言最为切直。考官以上无失德而辙妄言，欲黜之，独司马光慨然主其事。仁宗曰："朕以直言求士，其可以直言弃之耶？"擢置异等。此陛下取士之家法也。臣愿陛下以仁宗为法，以前日权臣之事为戒。命庠序去谤讪之规，科举革忌讳之禁，有司取忠谠之论。将见贤良方正、茂才异等、直言极谏之士，济济而出，如仁宗时矣，尚何患人才之不盛乎？

臣伏读圣策曰："黜陟之典，训迪之方犹昔也，而官师或未励。"臣有以见陛下知致治之道在乎得人，而欲官师之励如祖宗时也。臣窃谓欲官师之励，宜揽黜陟贤否之权。谨按《春秋》隐十一年书"滕侯至"，威二年别书"滕子"。范宁曰："前称侯今称子者，盖时王所黜。"隐二年书"纪子至"，威二年则书"纪侯"。范宁曰："前称子今称侯者，盖时王所进。"臣窃谓春秋时王不能黜陟诸侯，是必夫子以赏罚之权，因其贤否而黜陟之也。又按经书"楚"曰"荆"。公羊曰："荆者何？州名也。州不若国，国不若氏，氏不若人，人不若名，名不若字，字不若子。"何休释之曰："圣人因周有夺爵之法，故备七等之科，以进退之。"臣是以知《春秋》实夫子黜陟之公法也。故为臣而知《春秋》者，则必为忠臣。盖《春秋》以责忠臣之至，训迪天下之为人臣者也。为子而知《春秋》者，则必为孝子。盖《春秋》以责孝子之至，训迪天下之为人子者也。我国家任官之法，上自公卿百执事，下至一郡一县之吏，无非以公道黜陟之，固无异虞舜三载考绩之法也；有学以教之于未任之前，有法以禁之于筮仕之后，无非以公道训迪之，固无异乎成周训迪厥官之方也。故当时为官师者，罔不勉励厥职。坐庙堂之上，与天子相可否者，是宰相之励其职也；立殿陛之前，与天子争是非者，是谏官之励其职也；言及乘舆，则天子改容，事关廊庙，则宰相待罪者，是御史之励其职也。百官励其职于朝，守令励其职于郡县。是以祖宗之世，内外多任职之臣，故其致治之效，远出汉唐之上。今陛下任贤使能以建中兴之治，黜陟之法，训迪之方，无非遵祖宗之时，而圣策乃以官师未励为忧者，臣辄献揽权之说焉。

今黜陟之法，训迪之方，虽曰犹昔，而治效非昔者，由福威之权，下移于前日故也。夫法之至公者，莫大乎黜陟；而治乱之所系者，莫重乎官师。曩者内外用事之臣，多出乎权门之亲戚、故旧、朋党，文臣或非清流而滥居清要之职⑨，武臣或无军功而滥居将帅之任。贿赂公行，其门如市，郡县之吏，其浊如泥。是皆官曹澄清时可堪一笑者。至于一言忤意，虽无罪而亦斥；睚眦之怨，虽忠贤而必诛。其一时黜陟，皆出于喜怒爱憎之私，无复有唐虞考绩，李唐四替二十七最之法，求欲其尽瘁励职，可乎？若夫所谓训迪者，盖将以忠义训迪之，使其忘身徇国而已。非欲训迪其巧进取、善造请、以事权势也。当权门炙手可热之时，缙绅相率为佞之不暇，孰有以忠义相训迪者乎？至于今日而官师犹未励者，以其承积习之后，而余弊未革故也。陛下必欲官师咸励厥职，莫若大明黜陟于上，而以黜陟之次者付之宰相，又其次者付之吏部，又其次者付之监司可也。昔庆历中，仁宗黜夏竦等，用杜、韩、范、富以为执政，以欧阳修、余靖、王素、蔡襄为谏官，皆天下之望，鲁人石介作《圣德颂》以揄扬之。此陛下黜陟之家法也。臣愿陛下以仁宗为法，以前日权臣之事为戒，执福威之大柄以为黜陟之法，明忠孝之大节以为训迪之方，如是则尚何患乎官师之不励职如祖宗时乎？

臣伏读圣策谓："奸弊未尽革，财用未甚裕，人才尚未盛，官师或未励，其咎安在？岂道虽久而不渝，法有时而或弊，损益之宜有不可已耶？抑推而行之者非其人耶？朕欲参稽典策之训，讲明推行之要，俾祖宗致治之效，复见于今，其必有道。"臣仰见陛下愿治之切，思慕祖宗之深，欲聿追其盛德大业者，可谓勤且至矣。然臣已陈揽权之说于前，且以《春秋》为献。抑尝闻先儒曾参有言曰："尊其所闻，则高明矣；行其所知，则光大矣。"《春秋》之学，陛下既已深得之，复能尊其所闻，行其所知，揽福威之权，以守祖宗之家法，则赏刑当而天下悦矣，奸弊不患乎不革！节俭行而天下化矣，财用不患乎不裕！取士公而贤能出矣，人才不患乎不盛！黜陟明而邪正分矣，官师不患乎不励！祖宗致治之效，又何患乎不复见于今耶？若夫所谓"道虽久而不渝，法有时而或弊，损益之宜有不可已"者。臣按先儒释《春秋》，有变周之文从周之质之说，又有商变夏、周变商、春秋变周之说。臣以为《春秋》未尝变周也，特因时救弊耳。又尝闻董仲舒之言曰："先王之道必有偏而不起之处，故政有眊而不行，救其偏者所以补其敝而已矣。"我祖宗之法，譬犹大厦，敝则修之，不可更造。苟不知遵守而轻务改更，臣恐风雨之不芘也。损益之宜有不可已者，臣愿以仲舒补敝之说为献，可乎？若夫所谓推而行之有非其人者，臣按《春秋》书"乃"一字，如"公子遂如齐，至黄乃复"之类。谷梁释之曰："乃者，亡乎人之辞也。盖言任用不得其人耳。"又尝闻荀卿之言曰："有治人，无治法。"夏、商、周之法非不善也，苟得其人，监于成宪，常如傅说之言；遵先王之法，常如孟子之言；率由旧章，常如诗人之言。则夏、商、周虽至今存可也。汉唐之法，亦非不善也。苟得其人，常如曹参之守法，宋璟之守文，魏相李绛之奉行故事，则汉唐虽至今存可也。祖宗之法，非不甚善也。苟得其人，常如司马光之徒持守成之论，则垂之万世，与天地并久可也。陛下既知前日推而行之非其人矣，则今日不可不慎择焉，臣愿以荀卿"有治人"之言为献，可乎？若夫参稽典策之训，则有历朝之国典在焉，祖宗之宝训政要在焉，有司之成法在焉，朝廷之故事在焉。陛下宜诏执政与百执事之人，参稽而奉行之可也。若夫讲明推行之要，则无若乎揽权。陛下提纲振领，而以万目之繁付之臣下可也。

陛下终策臣曰："子大夫学古人官，明于治道，蕴蓄以待问久矣，详著于篇，朕将亲览。"此陛下导臣使言，臣不敢不尽言也。臣闻人主开求言之路，必将有听言之实；人臣遇得言之秋，不可无献言之诚。益求言之路不常开，而得言之秋不易遇。今陛下开求言之路，而臣遇得言之秋；陛下有听言之实，臣其可无献言之诚乎？臣复有一言以为陛下献者，欲陛下正身以为揽权之本也。按《春秋》书正者，杜预谓欲其体元而居正，公羊又有君子大居正之说。谓正心以正朝廷，正朝廷以正百官，正百官以正万民者，董仲舒之论正也；谓人君所行必正道，所发必正言，所居必正位，所近必正人者，刘贽之论正也。臣观自古人君能正身以化下者，莫如周文王；不能正身以化下者，莫如汉武帝。文王宅心于正道之中，其勤劳则日昃不遑暇食，不敢盘于游田⑩，以庶邦万民惟正之供，故能刑于寡妻，至于兄弟，以御于家邦，见于《思齐》之诗；在位之臣，皆节俭正直，见于《羔羊》之诗；人伦既正，朝廷既治，天下纯被其化，又见于《驺虞》之诗。文王能自正其身，而其下化之如此。若夫武帝则不然。其所以自治其身，与其下应之者，皆不正也。帝好谀也，故公孙弘曲学以应之；帝好刑也，故张汤曲法以应之；帝好利也，故孔仅、桑弘羊以剥下益上应之；帝好兵也，故卫青、霍去病以拓土开疆应之；帝好夸大也，故司马相如作封禅书以应之；帝好神仙也，故文成五利之徒以左道应之。武帝不能自正其身，而其下应之如彼。臣愿陛下以文王为法，以武帝为戒，端厥心居，以为化本，非正勿视，非正勿听，非正勿言，非正勿动。其用人也，不必问其才不才，而先察其正不正。果正人也，其进则为治之表。其可以其才不足而不与之进乎？是果不正人也，其进则为乱之机。其可以其才有余而使之进乎？其听言也，必观其言之是与非，斯可以见其入之邪与正。有逊志之言，必将察之曰："彼何为而投吾之所好哉？是必不正人之言也，是言之有害于我者也。其可以其逊吾志而受之耶？"有逆耳之言，必将察之曰："彼何为而犯吾之所恶哉？是必正人之言也，是言之有益于我者也。其可以其逆吾耳而不受耶？"左右誉言日闻，必察之曰："是必不正人也？是必阿大夫之类也？是必善结吾左右以求誉者也"，退之可矣；左右毁言日闻，必察之曰："是未必非正人也，是必即墨大夫之类也，是必不善结吾左右以致毁者也"，进之可矣。如是则一念虑无非正心，一云为无非正道，左右前后侍御仆从罔非正人，殆见四方万里，风行草偃，莫不一于正矣。臣愿陛下以是为揽权之本，而又任贤以为揽权之助，广览兼听以尽揽权之美。权在陛下之手，则所求无不得，所欲皆如意，虽社稷之大计，天下之大事，皆可以不动声色而为之。况区区四者之弊，尚何足以轸渊衷之念哉！臣闻主圣臣直，惟陛下赦其狂愚，不胜幸甚。臣昧死谨对。

注 释

①失误，过失。　②五种轻重不同的刑法，五种不同的用刑方式。③陶钧：制陶器的转轮。喻为对事物的控制与调节。　④衡，秤。石，重量单位。"程"通"呈"。书，指大臣们的奏章。古时文书用竹简木札，所以

用石来计算数量,以此来衡量行政效率。 ⑤清正廉洁的德行,美好的声望。
⑥春秋时鲁国实行的兵赋制度。 ⑦穿钱的绳索朽断,粟米陈腐,也就是
说钱粮充足。 ⑧古代社会称表示等级的称号、车服、仪制等为名器。 ⑨
职位清贵,掌握枢要的官职。 ⑩以出游打猎为乐。

赏析

此对策以"揽权"为核心,阐述治国之道。全文立足《春秋》大义,融
合儒家经典,提出君王当执掌威福之权,以正天下。其对策结构严谨,先论
揽权之要,次析时弊之因,再陈革弊之策,层层递进,逻辑缜密。文中引经
据典,既有《春秋》微言大义,又有汉唐史鉴,更以本朝祖宗之法为据,彰
显深厚学养。其文辞雄辩,气势磅礴,既不失臣子之礼,又显士人风骨。尤
为难得者,在于其敢于直面时弊,提出"正身以化下"的揽权之本,体现了
南宋士大夫以天下为己任的担当精神。

淳熙十一年（1184）甲辰科

状元：卫泾

策 问

盖闻道者适治之路，传万世而无弊者也。仁、义、礼、乐皆其具也，纪纲法度，所以维持治具者也。尧、舜之所以帝，禹、汤、文、武之所以王者，盖用此道也。朕膺光尧之命，承祖宗之绪，思所以阐文谟①而扬武烈者，二十有三年矣。志勤道远，治不加进，夙夜祗惧，莫敢遑宁，故博延豪英，访以当世之务。子大夫造延待问，必有蕴而欲陈者。且虞唐之盛，固未易议。至若夏之尚忠，商之尚质，周之尚文，皆绵世历年，不能无弊。岂道有升降，政有损益而然欤？抑为治之具有未至欤？

今朕正心诚意，体道之用，将以格物，而士风犹未一也。敦本抑末，崇尚礼教，将以范民，而俗化犹未醇也。义不胜利，何以厚民之生？刑不胜奸，何以防民之伪？意者仁义礼乐之用，与夫纪纲法度所以维持治具者非耶？何视古之有愧也？伊欲道与世兴，风移俗易。士相与谈仁义，蹈名节，而不矜靡曼之虚文。民相与兴礼逊，趋本业，而不溺奢侈之末习。八政修而食货足，七教明而狱讼息。措国如唐虞，巍乎跨三代之隆，而无忠、质、文偏胜之弊，其策安在？熟之复之，详著于篇，朕将亲览焉。

对　策

臣对：臣恭惟陛下聪明天纵，并隆五三，不自神圣，谦冲退托，亲屈帝尊，廷策多士，访以古今之治道，当世之急务。陛下岂以草茅之言为可用欤？然自陛下即位以来，六策多士，所以与之讲论治道，亦不一矣。亦尝采其所言，见之施行而有补于治者乎？抑草茅之士，华文少实，不当于理，而不足以措之事业乎？抑亦临轩赐问，姑循祖宗之故实，而不要之于用也？夫科目之兴，始自西汉，而贤良之策，亦有时而措之用者，载诸史册，烂然可观。况陛下舍己从人，如大舜不矜不伐，如大禹广览兼听。以极群下之幽隐，开心见诚；以来天下之谠言②，将与海内共臻至治。夫岂崇尚虚文，不究实用，徒应故事而已哉？虽然，君听存乎广大，臣言贵于切近。以陛下好问之勤，愿治之切，而徒泛为之辞，以娱观听，非士之所学也。臣闻成天下之治者，固惮于改作；革极弊之政者，尤患于因循。改作之患至于扰扰多事，而因循之弊将有委靡不振之忧，二者皆非所以为治，而因时制宜，则治道之所不废也。昔汉武帝以雄材大略之资，即位之初，侈然不满汉家之意，嘉唐虞、乐商周之言，屡形诏策。董仲舒待问广延，乃劝帝以更化善治。卒之武帝纷更制度，日不暇给，而一时之治，骎骎愈不如古。岂仲舒之言有以误之耶？终日变易法令，而不出于簿书期会之间，正非仲舒所以拳拳于帝之意也。知仲舒之更化，不在簿书期会之末，则知仲舒有救弊之名，无变道之实，诚古今不易之常理。从是而加之意焉，则以之振起治功，扫除积弊，跻一世于唐虞三代之隆，如圣策之所问，诚无难者，又岂在于变法易令而以多事自累哉！《诗》曰："周虽旧邦，其命维新。"陛下亦悟于斯而已矣，谨昧死上对。

臣伏读圣策曰："盖闻道者适治之路，传万世而无弊者也。仁义礼乐皆其具也，纪纲法度所以维持治具者也。尧舜之所以帝，禹汤文武之所以王者，用此道也。"臣有以见陛下探治道之本源，而知帝王之为同条共贯也。臣闻道无精粗，治有详略，本末不可以偏废，而阖辟变化之用，则固有所主宰也。是故大原之所自，则不外于一心之微；而治具之在天下，亦不可一日废。此尧舜之所以帝，禹汤文武之所以王，固不外乎此道。然精一执中之妙，密相授受于心传之际，而皇极之编，九畴之旨，君臣上下所以孜孜讲切者，岂惟繁文末节是务？而庶绩之熙，九功之序，水土之平，礼乐庶事之备，固其形见之末效。而斯道乏本原，固当求之于精微之运，诚不外乎"中"之一辞而已。不然，尧、舜、禹、汤、文、武之君，不能舍仁义、礼乐、纪纲、法度以治天下。而繁文末节，后世因欲持此以治天下，不可胜穷之变，则亦无具甚矣。然则帝王之治固不难致，亦惟探其本而不废其末，举其全而不溺于偏，求其所以致治之实用，而不惟繁文末节之是徇，则古今一天下也，而岂有异道哉！

臣伏读圣策曰："朕膺光尧之命，承祖宗之绪，思所以阐文谟而扬武烈者，二十有三年矣。志勤道远，治不加进，夙夜祗惧，莫敢遑宁，故博延豪英，访以当世之务。子大夫造廷待问，必有蕴而欲陈者。"臣有以见陛下念付托之至重，思宵旰之愈勤，疑治道之愈邈，虚己以问承学之臣，将以讲明济时之术也。顾臣微陋，何以塞明诏？臣闻天下非治效不进之可忧，而人情安于苟且因循之可畏。以陛下勤政愿治之诚，迈越前古，唐虞三代之治疑若引手可致[3]，而二十三年于兹，计算见效曾未之闻者，是安可不求其故耶？毋亦愿治之心虽切，济时之术实疏，士大夫安于苟且以为成习，而天下万事有不得其序耶？臣窃观陛下即位之始，锐于为治，念版图之未复，愤仇雠之未殄，慨然奋发，将一扫而清之。一旦起故老于废弃之中，擢将相于佯常之列，畀之大任，责以成功，而徒肆大言，习为诞谩，玩岁愒日，无补事功，比比负责而去，而陛下大有为之志亦自是少弛矣。故夫前日之治伤于太急，而今日之治又失之太缓。惟其责效之速，故诞谩之徒得以肆其欺罔，窃取陛下爵禄而去；惟其习于纵缓，故庸常琐琐之流得以偷安固位，自为保持之计。上下苟且，莫肯任责，而治效之不进，风俗日以坏，士气日以弱，民生日以困，刑罚日以峻，徒为九重之隐忧，而不思所以救弊之术者，循是而不之反，则天下之息殆将有出于意虑之外，而何治功之成！臣愿陛下思所以济治之术，革人情于极弊之余，正纪纲，明赏罚，毋徒徇于虚名，而必责之实用，则今日苟且之俗，将易而为趋事赴功之臣，则天下之治，有所不为，为无不成，惟陛下所志耳。

臣伏读圣策曰："唐虞之盛，固未易议。至若夏之尚忠，商之尚质，周之尚文，皆绵世历年，不能无弊。岂道有升降，政有损益而然欤？抑为治之具有未至欤?"臣有以见陛下想唐虞至治之极,考三代治尚之偏,图惟阙中,以为救弊之术也。臣闻三代之治,本于一道。道之所在,初无毫厘之差,而救偏补弊,特其济治之术,由于时变之推移,而生于人情不可已者也。唐虞之盛,忠、质、文之名未立也,而忠、质、文未始不为用。忠之变而入于质,质之变而入于文,此其世变之使然,有不容御。则周人之处此,若其极弊不可为之世矣。自常情观之,必将厌委曲④而务阔疏,弃文采而尚朴素,以求还上古之无事也。然周之君方且务为繁缛之典,凡可以管摄人心提防风俗者,纤悉备具,是岂好为多事而繁文末节如后世之纷纷也哉?彼其损益之相因,无非因人情之所系,而扶持设施之术,固有出于法度纪纲之外,此太和之效所以并称于唐虞,而弥文缛典皆足以起当世之治。使周之子孙世守而勿变,则千万世而长在可也,而何弊之可言!陛下盖亦即其所以救弊之术,原其所以为人情之虑者,略其异而反其同,则唐虞三代之治,亦在陛下运用而已矣,奚必拘于形迹之末哉!

臣伏读圣策曰:"今朕正心诚意,体道之用,将以格物,而士风犹未一也。敦本抑末,崇尚礼教,将以范民,而俗化犹未醇也。"夫士风之不美,以其无所范也。今陛下以正心诚意之学,将以致格物平天下之效,而士风之未一,得毋以承末流之弊而源或未之正乎?夫俗化之不善,以其不知也。今陛下敦本业而抑末作,崇礼教而设防范,而俗化之未醇,得毋以流俗之渐渍者深而制度之不严乎?臣闻古之仕也,上下相待以成其美;后之仕也,上下相胜以败其事。夫仁义道德之本,孝弟忠信之实,古人之所以修于乡党,处于庠序,以为吾之所当为,初无所觊于上。而官爵禄位之设,车马衣服之奉,古人所以用于朝廷之上者,亦以为待天下士,而非有德于下。故士知修于家以待上之求,上取夫士以为天下之用,上之所以待其士者愈厚,故士之所以自待者愈不敢轻,上下交相待而人才日以盛,固其宜也。后世则不然,上设其爵禄以待士之求,而士亦苟且修饰以有所要于上。士惧其无以自达,则巧取幸进,不顾礼义,而上亦惧其进之滥,则多为之防,以绳其来,此后世之通患,而按之今日则尤甚矣。冒进之习滋,廉耻之道丧,苟侥幸于一得,则抵法禁而不知畏。天下固未始无卓然特立之士也,而以一眚之过而绝其终身之善,以一人之失而疑及天下之士,则亦自流于薄恶而已矣,而何怪于士风之不美欤!

臣故曰承末流之弊而源未之正也。

臣闻古之治天下者，将以定民志；后之治天下者，将以便民情。古者上自天子而达之于民，尊卑贵贱之不相侔，则服食器用之间，截然等级之有辨。古人非故为是无益之文也，防闲之不至，则情伪之相滋，乐好之不厌，而弊将有不可胜言。深为之节，严为之限，故民志一定而分守自明，彼其趋向之一而风俗之厚，亦其理也。后世则不然，举圣人所以检押人心者，一切惟人情之便。而偷风薄俗，亦复荡然于法制之外。富商大贾得以交通王侯，而乡曲豪右无别于贵近，自后世有所由来，而较之今日则殆将不止于是者。车服上僭宫闱，家室略拟都邑，辇毂⑤之下，四方之所观瞻，而此风益炽，上下恬然相视不以为怪，则亦日流于无节文已矣，而何怪于俗化之未醇钦！臣故曰："俗之渐渍者深而制度之不严也。"

臣伏读圣策曰："义不胜利，何以厚民之生；刑不胜奸，何以防民之伪。"夫率民以义，则义之所在，而利固存于其中，则民心之礼义，若可以厚其生也。而义或不胜其利，得毋以义利之不能两立，而趋于利则或违其义乎？夫防民以刑，则刑章之立，可以不试而民畏也。而刑或不胜乎奸，得毋以刑所以防民而求以胜民，则奸宄益不胜其多乎？臣闻古者先养民，又教民，然后治民。后世不知养民，不知教民，一于治之而已耳。夫日用饮食之须，冠婚丧祭之具，圣人初非举手以予民也。为之立其官师，制其田里，义教之以君臣上下之大分。民既知教，而民生益厚，故民乐出其力以供上之用，亦不以为劳我而且厉我也。后世教养斯民之事曾弗之讲，民生之用皆民之所自为，而上之人又从而征敛困苦之。今日之民，其无聊赖甚矣，而何义之能知？山泽之饶，舟车之美，香盐茶酒之榷，凡桑弘羊辈所以笼天下之利者，无不悉为常赋。常赋有限，复令先期，常数既殚，复令别配，凡陆贽所以进疏于唐德宗者，无不尽用。陛下加惠元元，勤恤民隐，形于诏旨，无非以宽民力厚民生为言，而守令之不奉行，徒亦文具而已。水旱有减放之令，而督促如初；岁久有蠲除之科，而追催犹故。所谓禾稼如云，同之父老，皆有忧色曰："丰年不如凶年，而况水旱相仍，曾无虚岁。"上下迫蹙如此，欲民生之厚，其可得耶！

臣闻古之制刑也，所以厚民俗；后之制刑者，所以罔民利而已矣。夫古之圣人不得已而制刑，盖为夫不孝不友不姻不睦者是禁，而山泽之利无不弛以予民，而或为之限节。盖亦禁其末作之为害，而非夺民利以自殖也。后世不明圣人制刑之意，而禁网之密，条章之具，无非与民争利。而茶盐之商贩，酒榷之私酤，毫发之不贷，纤悉之必计。刑禁之既加，而科罚又从而重困之。今日之刑，其冤滥亦甚矣，而奚伪之能防！故刑不足以胜奸，则奸宄之习滋炽。聚于山泽者为盗贼之区，而刑余之众⑥不得与齐民齿者，亦将流而为盗。陛下广覆宇内，远近如一，通商贩之禁，宽酒榷之征，虽见于比年之诏，而有司谇曰："国用之所须，无得以辞其责。"放上有仁心而下不被其泽，有宽恤之美名而无宽恤之实惠。所谓罔民以为利，诱民以为奸，小反其本而徒治其末，欲奸宄之消，其可得耶？

臣伏读圣策曰："意者仁义礼乐之用，与夫纪纲法度所以维持治具者非耶？何视古之有愧也。"诚如陛下所言，则信知后世之治所以不如古矣。陛下以占问臣，臣不敢徒以占对。陛下果有意于古也，盖亦稽唐虞致治之原，参三代救弊之政。一政令之未纯乎古，一设施之不合乎古者，振起而更张之，以作天下苟且因循之习，以起天下趋事赴功之心。则以之美士风，善俗化，厚民生，去民伪，亦惟磨以岁月，无不可矣。不然，陛下徒有慕古之名，而无师古之实，则今日之策臣者，徒为故事，而臣之所以告陛下者，亦虚文而已，是将奚益！

臣伏读圣策曰："朕欲道与世兴，风移俗易。士相与谈仁义蹈名节，而不矜靡曼之虚文。民相与兴礼逊趋本业，而不溺奢侈之末习。八政修而食货足，五教明而狱讼息。"臣愚以为世有先后，道无异同。由大原之所自出而观之，越千载犹一日。唐虞三代即斯道以为治，既有以措天下于无为之盛，况陛下心传之妙，得于授受之懿则，施之事业，移风易俗，诚无难者。若夫人士相与谈仁义蹈名节，而不矜靡曼之虚文，臣以为莫若有以正人心。民相与趋本业兴礼逊，而不溺奢侈之末习，臣以为莫若有以定经制。夫礼义者，人心之所同，惟其利害得失之心日胜，是以忠纯笃实之意日亡，是固科举之法有以坏天下之心术也。今陛下徒曰："严法禁，谨堤防，足以革上风之弊。"臣以为无以善人之心，则未见徒法之可以自行也。夫科举之法，后世即以之取天下之人材；而天下之人材，亦辐辏于科举之内。既取之于未用之初，盖亦择之于既用之后；广之以教化之本原，而恃之以趋向之所在。贪浊者黜之，廉介者用之；奔竞者抑之，靖退⑦者进之；旌直言以来谏诤，伸士气以通下情。若是而曰七风之不美，臣未之信也。

夫礼制固有一定之经，惟防范之既亏，故至荡然而莫知限节。是固民心之无常，亦上之人无以搏节之过也。今陛下徒曰："躬节俭，务朴素，足以先天下之俗。"臣以为躬行之至虽为正风俗之本，而礼制之未明，经制之不立，则人心之无厌者方且苟于目前之便，未见徒善之足以有为也。今为之明其礼，定其经，上而乘舆之服御固有其度，降而公卿，又降而士庶人，冠婚丧祭之节，宫室器用之制，严为限量，设有科条，逾者有禁断于必行。贪溺者无所歆艳，而豪右兼并，粟腐贯朽，无所用之，则民志定而争端息，无甚富之民则亦无甚贫之民，无甚侈之家则亦无甚弊之家。人心有常，风俗归厚，若是而曰俗之未醇，臣未之信也！

厚民之生，则莫若讲节用之策；省民之刑，则莫若谨按察之使。今日之利原竭矣，不可复兴矣。无已，则有节用之说乎？节用固多术也。曩者固尝限宫观之员，而宫观之除，滥予犹故也；固尝省添差之数，而添差之恩，妄授犹昔也。佞幸之赐，得毋有过度者乎？虚籍老弱之兵，得毋有坐糜廪食者乎？节之于彼，而又节之于此，则民生之厚，庶乎其有自矣。今日之刑滥矣，不可以复峻矣。盍亦谨按察之官而使之加意乎？命官非不谨也，州县之间责成案于胥吏，而长吏不以为意；付棰楚于狱卒，而狱官慢不知情。郡刺史足迹，尝一至于圜土之门乎？监司之按行，又能尽得于一见之顷乎？谨之于彼，而复谨之于此，则好生之德，庶乎其洽民矣。舍是而曰八政修而食货自足，五教明而狱讼自息，臣恐未免于揖逊救焚⑧之举也。

臣不佞，陛下召至阙廷，赐之清问。臣首以更化为陛下献，次愿陛下正人心以美士风，定经制以善民俗，次愿陛下节用以厚民生，谨按察以省刑罚，以为更化之说，请复为陛下终始言之。臣观艺祖皇帝，为天下除大残，致民更生，兵不血刃而天下归戴。征伐既下诸国，必先已逋敛蠲繁苛，一以仁厚为本。大抵兵以不杀为武，刑以不用为威，财以不费为饶，人以不作聪明为贤。此其立国之本意，而列圣守之以为家法者也。仁宗庆历间，承平既久，一时事类少弛，仁宗一旦振起之，不过于增谏员、减任子、展磨勘。虽一二节目之或殊，而大体卒不改易。故嘉祐之治，振古无及。杜稷长远，终必赖之由此道也。臣以更化为献，亦岂劝陛下以变更祖宗之法度哉！士大夫之偷情者，从而振作；王业之偏安者，思有以规恢而广大之；万事之积废者，思有以作新而奋励之。而不失祖宗立国之本意，则士风之日美，民俗之日醇，民生之厚而刑罚之清，固有不期而致。则圣策所谓"措国如唐虞，巍乎跨三五之隆，而无忠、质、文偏胜之弊"，其策舍此将安在耶？

陛下复策之于终曰："熟之复之，详著于篇，朕将亲览。"臣有以见陛下咨访之意益勤，而使臣等得以竭其愚衷也。臣不度愚贱，窃有拳拳忧国爱君之忠。一旦得奉清光，条当世之事，陛下所以问臣等，固已略陈于前。若天下大体之所系，而国家安危理乱之所从出者，虽圣策之所不及，臣安敢有怀不吐，上负陛下详延之意。敢为陛下毕言之。臣闻宰相者，朝廷之股肱也；台谏者，朝廷之耳目也。非有知人之明，不足以进贤退不肖；非有硕德重望，不足以镇抚中外；非有不穷之才，不足以赞万机之务。择相而任之者，不可以不谨也。非有公忠之操，不足以排击奸回；非有刚强之守，不足以肃清班列；非有高明之见，不足以裨益冕旒。擢台谏而付之者，不可以不审也。苟曰"以其久位而姑以迁之，幸其无过而因以任之"，则何以称具瞻⑨之望，起非常之功。专求州县之下吏，搜索钱谷之细务，姑以应故事，而朝廷之阙失，国家之大议，有不敢言，则何以通幽隐之情，辅圣明之德？臣愿陛下委任擢用之际，详择而审处之。疑之当勿复用，用之当勿复疑，必期有以尽其才然后可也。陛下爱惜名器，必无滥予之爵。然技术艺能之贱，或充斥于朝路；而宫掖非泛之恩，或不厌于公言。可不有以节之乎？陛下亲近儒臣，必无偏信之失。然是非毁誉之说，或出于细微；而士大夫结托之私，或竞趋于权要。可不有以抑之乎？陛下诚于是而留听焉，任宰相而重其股肱之寄，用台谏以谨其耳目之司，借名器以励天下，戒偏信以示至公，则兹所以策臣四者之弊，特不过于事为之末，非圣明之可虑也。臣是以终篇之末论次其大者，以为陛下献。若乃襞绩故实以为有学，雕绘言语以为新奇，臣不惟不敢，亦不暇，惟陛下赦其狂僭而录其区区。臣无任昧死谨对。

注 释

①礼乐教化与制度设计。 ②正直的言论。 ③唾手可得。 ④曲折辗转。此处是仔细详尽的意思。 ⑤皇帝坐的车子。 ⑥受过刑罚存活下来的人。⑦谦恭礼让。 ⑧事急而行缓，措置不及时，不得力。揖逊，行揖拜之礼节。救焚，救火。 ⑨被众人所瞻仰。

赏 析

此对策以"更化"为纲，阐述治国之道。全文结构严谨，先论更化之要，次析士风、民俗、民生、刑罚四弊，再陈革弊之策，层层递进，逻辑缜密。其文立足现实，直面时弊，提出"正人心以美士风，定经制以善民俗，节用以厚民生，谨按察以省刑罚"的施政方略，体现了经世致用的思想。文中引经据典，既有儒家经典，又有本朝祖宗之法，彰显深厚学养。其文辞雄辩，气势磅礴，既不失臣子之礼，又显士人风骨。

绍熙四年（1193）癸丑科

状元：陈亮

策 问

朕以凉菲①，承寿皇付托之重，夙夜祗翼，思所以遵慈谟，蹈明宪者，甚切至也。临政五年于兹，而治不加进，泽不加广，岂教化之实未著，而号令之意未孚耶？士大夫风俗之倡也，朕所以劝励其志者不为不勤，而偷惰之习犹未尽革。狱，民之大命也，朕所以选任其官者不为不谨，而冤滥之弊或未尽除。意者狃于常情则难变，玩于虚文则弗畏乎？且帝者之世，贤和于朝，物和于野，俗固美矣，然谗说殄行②乃以为虑。画衣冠，异章服，而民不犯，刑既措矣，然怗终贼刑必使加审，何也？得非薰陶训厉自有旨欤？今欲为士者精白承德而趋向一于正，为民者迁善远罪而讼诉归于平，名宾于实而是非不能文其伪，私灭于公而爱恶莫可容其情，节俭正直之谊兴行于庶位，哀矜审克之惠周浃于四方，果何道以臻此？子大夫待问久矣，咸造在庭，其为朕稽古今之宜，推治化之本，凡可以同风俗、清刑罚、成泰和之效者，悉意而条陈之，朕将亲览。

对 策

臣对：臣闻人主以厚处其身，而未尝以薄待天下之人，故人皆可以为尧舜。

而昔人谓其以己而观之者，天地之性本同也。夫天佑下民而作之君、作之师。礼乐刑政所以董正③天下而君之也，仁义孝悌所以率先天下而为之师也。二者交修而并用，则人心有正而无邪，民命有直而无枉，治乱安危之所由以分也。尧舜三代之治，所以独出于前古者，君道师道无一之或阙也。后世之所谓明君贤主，于君道容有未尽，而师道则遂废矣。夫天下之事，孰有大于人心之与民命者乎？而其要则在夫一人之心也。人心无所一，民命无所措，而欲论古今治革之宜，究兵财出入之数，以求尽治乱安危之变，是无其地而求种艺之必生也，天下安有是理哉！

臣恭惟皇帝陛下谦恭求治，常若不及，深念夫人心之不易正，而民命之未易生全也。进臣等布衣于廷，而赐以圣问，曰："朕以凉菲，承寿皇付托之重，夙夜祗翼，思所以遵慈谟蹈明宪者，甚切至也。"臣窃叹陛下之于寿皇莅政二十有八年之间，宁有一政一事之不在圣怀，而问安视寝之余，所以察词而观色，因此而得彼者，其端甚众，亦既得其机要，而见诸施行矣。岂徒一月四朝，而以为京邑之美观也哉！而圣问又曰："临政五年于兹，而政不加进，泽不加广。岂教化之实未著，而号令之意未孚耶？"臣于是知陛下求治若不及之心，如天之运而不已也。臣闻禹立三年，百姓以仁遂焉。推其本原，则曰"克俭克勤，不自满假而已"。今时和岁丰，边鄙不耸，亦几古之所谓小康者。陛下犹察其治之不加进，泽之不加广，而欲求其所谓教化之实，号令之意者，益深知人心之未易正，民命之未易生全也。臣请为陛下诵君道、师道，以副陛下求治不已之心焉。

夫所谓教化之实，则不可以颊舌而动之矣，仁、义、孝、悌以尽人君之所谓师道可也。所谓号令之意，则不可以权力而驱之矣，礼、乐、刑、政以尽人君之所谓君道可也。夫天下之学，不能以相一。而一道德以同风俗者，乃五皇极之事也。极曰皇，而皇居五者，非九五之位则不能以建极也。以大公至正之道，而察天下之不协于极，不罹于咎者，悉此而同之，此岂一人之私意小智乎？无偏无党，无反无侧，以会天下于有极而已。吾夫子列四科，而厕德行于言语、政事、文学者，天下之长俱得而自进于极也。然而德行先之者，天下之学固由是以出也。周官之儒以道得民，师以贤得民，亦以当得民之二条耳。而二十年来，道德性命之学一兴，而文章政事几于尽废。其说既偏，而有志之士盖尝患苦之矣。十年之间，群起而沮抑未能止其偏、去其伪，而天下之贤者先废而不用，旁观者亦为之发愤以昌言，则人心何由而正乎？臣愿陛下明师道以临天下，仁、义、孝、悌交发而示之，尽收天下之人材。长短小大，各见诸用。德行、言语、政事、文学，无一之或废。而德行常居其先，荡荡乎于天下共由于斯道，则圣问所谓"士大夫风俗之倡也，朕所以劝励其志者不为不勤，而偷惰犹未尽革"，殆将不足忧矣。若使以皇极为名，而取其偷情者而用之，以阴消天下之贤者，则风俗日以偷，而天下之事去矣。

夫天下之情，不能以自尽，而执八柄④以驭臣民者，乃六三德之事也。强弱异势而随时弛张者，人主所以独运陶钧，而退藏于密者也。用玉食不可同之势，而察威福之有害于家，凶于国者，悉取而执之，此岂臣下之所得而亵用乎？沈潜刚克，高明柔克，以明刑法之适平而已。吾夫子为鲁司寇，民有犯孝道者，不忍置诸刑。其说以为教之不至，则未庸以杀。而少正卯则七日而诛之，盖动摇吾民，不可一朝居也。《周官》之刑，平国用中典，盖不欲自为轻重耳。而二三十年来，罪至死者不问其情，而皆附法以谳⑤，往往多至于幸生。其事既偏，而平心之人皆不以为然矣。数年以来，典刑之官遂以杀为能，虽可生者亦付以死，而庙堂或以为公而尽从之，使奏谳之典反以济一时之私意，而民命何从而全乎？臣愿陛下尽君道以宰天下，礼乐刑政并出而用之。凡天下奏谳之事，长案碎款，尽使上诸刑寺。其情之疑轻者，驳就宽典。至其无可出而后就极刑，皆据案以折之，不得自为轻重。则圣问所谓"狱，民之大命也，朕所以选任其官者不为不谨，而冤滥之弊或未尽除"，殆将不足忧矣。若使以福威在己，而欲一日尽去其冤滥，人之私意固不可信，而吾能自保其无私乎？不如付之有司之犹有准绳也。

圣问又曰："意者狃于常情则难变，玩于虚文则弗畏乎？"臣以为人主以厚处其身，而未尝以薄待天下之人，安有吾身之既至，而天下之终不可化者乎？臣愿陛下明师道、君道以先之而已，此所谓教化之实，号令之意者也。

臣伏读圣策曰："且帝者之世贤和于朝，物和于野，俗固美矣，然谗说殄行乃以为虑。"臣有以见陛下深知人心之未易正也。昔者尧舜以师道临天下，苟可以救之者，无所不用其至矣。而说之横入于人心者，谓之谗说；行之高出于人心者，谓之殄行。人心之危，说有以横入之则受矣，行有以高出之则伏矣。此所谓震惊，而尧舜之所忧也。故必有纳言之官，使王命民言交出迭入，而得以同归于道，而天下之学一矣。及周之衰，天下之学争起，肆出不能相下，而向之所谓谗说殄行者，一变而为乡原⑥，务以浸润于人心，自纳于流俗。天下之学既不能以相一，而其势不屈而自归，孔孟盖深畏之，以其非复尧舜之时所尝有也。愿陛下畏乡原甚于尧舜之畏谗说殄行，则人心之正有日矣。

臣伏读圣策曰："画衣冠异章服而民不犯，刑既措矣，然怙终贼刑必使加审，何也？"臣有以见陛下深知民命之未易生全也。方尧舜以君道宰天下，禹平水土，稷降播种，民固已乐其有生矣。而皋陶明刑以示之，塞其不可由之涂，使得优游于契之教、伯夷之礼。天下之人皆知禹、夷、稷、契之功，而皋陶之所以入于人心者，隐然而不可诬也。后世之为天下者，刑一事而已矣。宽简之胜于微密也，温厚之胜于严厉也，其功皆可言，而皋陶不言之功则既废矣。夫鞭作官刑，扑作教刑，金作赎刑，眚灾肆赦，怙终贼刑。官刑既如彼，教刑又如此，情之轻者释以财，情之误者释以令，凡可出者悉皆出之矣。其所谓怙终贼刑者盖其不可出者也，天下之当刑者能几人。后世之轻刑未有如尧舜之世者也，愿陛下考尧舜之所以轻刑之由，则民命之全可必矣。而圣策又曰："得非薰陶训厉自有旨欤？"臣之所以反复为陛下言之者，苟尽师道则薰陶在其中，苟尽君道则训厉不足言矣。尧舜之所以治天下者，岂能出吾道之外哉！仁义孝悌礼乐刑政，皆其物也。

臣伏读圣策曰："今欲为士者精白承德而趋向一于正，为民者迁善远罪而讼诉归于平。"臣有以见陛下之未尝以薄待天下之人也。彼亦何忍以异类自为哉？而圣策又曰："名宾于实而是非不能文其伪，私灭于公而爱恶莫可容其情。"则圣意不免于小疑矣。然而天下之学贵乎正，天下之情贵乎平，其终固未尝不归于厚也。夫今日之患，正在夫名实是非之未辩，公私爱恶之未明，其极至于君子小人之分犹未定也。伊尹论有言逆于汝心，必求诸道；有言逊于汝志，必求诸非道，其说近矣。而汉之谷永，其言未尝不逆；唐之李泌，其言未尝不顺，则人心庸有定乎？孟子论国人皆曰贤，必察见其贤而后用之；国人皆曰可杀，必察见其可杀而后杀之。其说密于伊尹矣。然为人上者，何从而得国人之论也。凡今之进言于陛下之前者，孰不自以为是，而自以为公哉？陛下亦尝察舆论之曰贤者而用之矣，然而人之分量有限，其心未能尽平也，未能举无私也。小人乘间而肆言以为公，力抵以为直，陛下亦不能不惑之矣。遂欲两存之以为平，薰莸⑦决无同器之理也。名实是非当日以淆，而公私爱恶未知所定，何望夫风俗之正，而刑罚之清哉！陛下见其贤而用之，举动之小偏，则勿行而已耳。君臣固当相与如一体也。何至有肆谗之人，以恐惧其心志，而徊徨其进退哉！陛下苟能明辨名实是非之所在，公私爱恶之所归，则治乱安危于是乎分，而天下之大计略定矣。风俗固不期而正，刑罚固不期而清也。清白承德，迁善远罪，直其细耳。

　　而圣策又曰："节俭正直之谊兴行于庶位，哀矜审克之惠周浃于四方，果何道以臻此？"其要在于辨名实是非之所在，公私爱恶之所归；其道则以厚处其身，而未尝以薄待天下之人而已。陛下三载一策多上，宜若以蹈故事也，宜若以为文具也。草茅亦以故事视之，以文具应之。过此一节则异时，高爵重禄陛下不得而靳之矣。陛下图其名，而草茅取其实，此岂国家之所便哉！正人心以立国本，活民命以寿国脉，二帝三王之所急先务也。陛下用以策士，则既不鄙夷之矣。于其末又复策臣等曰："子大夫待问久矣，咸造在廷，其为朕稽古今之宜，推治化之本，凡可以同风俗、清刑罚、成泰和之效者，悉意而条陈之，朕将亲览。"臣有以见陛下必欲正人心全民命、以尽君师之道，而自达于二帝三王之治而后已。顾臣何人，岂足以奉大对？臣窃观陛下以厚处其身，而未尝薄待天下之人。既得正人心、全民命之本矣，而犹欲臣稽古今之宜，推治化之本。夫以厚处身之道，岂有穷哉！使天下无一人之有疑焉可也。

　　陛下之圣孝，虽曾闵不过，而定省之小夺于事，则人得以疑之矣。陛下之即日如故，而疑者不愧，其望陛下之以厚自处为无已也。陛下之英断自天，不借左右以辞色，而废置予夺之不当，则人得以疑之矣。陛下之终无所假，而疑者亦不愧，其望陛下之以厚自处为无已也。"云上于天，需，君子以饮食宴乐。"而九五之需于饮食者，待时以有为，当于此乎需也。岂以陛下之圣明而有乐于此哉！然而人心不能无疑也。"明两作离，大人以继明照四方。"而六五之出涕沱若，戚嗟若。两明相照，抚心自失，而不敢以敌体也。岂以陛下之英武而肯郁郁于此哉！然而人心不能无疑也，臣愿圣孝日加于一日，英断事逾于一事，奋精明于宴安之间，起心志于谦抑之际，使天下无一人之有疑，而陛下终为寿皇继志而述事，则古今之宜莫便于此，治化之本莫越于此。同风俗以正人心，清刑罚以全民命，而明效大验，可以为万世无穷之法，其本则止于厚处其身而已。《诗》不云乎："维天之命，於穆不已，文王之德之纯。"而子思亦曰："纯亦不已。"夫以厚处其身，岂有穷哉！臣昧死谨上愚对。

注 释

①才德微薄。 ②毁谤残害君子的言行。 ③督正。 ④驾驭臣民的八种权柄：爵、禄、予、置、生、夺、废、诛。 ⑤讨论定罪。 ⑥也作"乡愿"。指言行不符、欺世盗名的伪君子。 ⑦香草臭草。

赏 析

对策以"厚处其身"为纲，彰显永康学派事功之学的精髓。全文贯穿着"君道师道并重"的治国理念，既强调君主当以仁义孝悌垂范天下，又主张礼乐刑政并施以正人心、全民命。其策论锋芒直指时弊，痛斥道德性命之学空谈误国，力主恢复"德行常居其先"的务实学风。在司法改革上，提出"据案折之"的刑政原则，既反对冤滥，亦不纵容犯罪，体现了"实事实功"的辩证智慧。文中"使天下无一人之有疑"的政治理想，呼应其抗金复国的毕生追求，更将"义利合一"的哲学思想融入治国方略，展现出浙东学派"经世致用"的鲜明特质。

绍定五年（1232）壬辰科

状元：徐元杰

策 问

问：盖闻学之为王者事，由尧舜三代至于今日，未之有改也。而或以为古今有殊时，帝王有异治，世道有升降，各因其时以为治，而无一定之论。吁有是哉！夫统理民物，为天下君，膺天地之眷顾，蒙祖宗之付托，若是其重，而本原之地无所据依，以善斯世，不可也。是以尧、舜之帝，禹、汤、文、武之王，莫不从事于学，如饥之必食，渴之必饮，未尝外道以出治，舍经以求治也。

朕以眇陋①嗣承丕绪，于今九年。昧旦而朝，咨诹辅弼，延纳英俊，日御经筵，曰诵曰讲，咸有常准。六经之道，所以该贯天人，维持世变者，至纤至悉，不可胜穷。而《通鉴》一书，又所以著历代之秽恶以劝戒于后者，莫先于修身而齐家，进君子而退小人，严名分而遏乱萌，修政事而靖边疆，恤民隐而惧天变。

朕深惟经训史策，日陈于前，文字繁多，途辙迂阔，求其所以置力者，乃即燕闲，窃有慕古人缉熙光明之义，日就月将，躬履神会。盖以基治道之本，一人心之归，使普天率土，若士与民，悉共由于理义，而无本末舛逆之患，上下异向之风。顾不韪欤？若夫商政治之得失，求民俗之利病，论士习之厚薄，则有所来暇。盖以本原既立，则他可以序举也。

子大夫奉对于庭，其以有得于经史者，紬绎而毕陈之，朕将亲览。

对 策

臣对：臣闻求道有本原，行道有功用，自本原而达之功用，则天下之治可以不劳而举矣。盖道无近功，惟志趣之高远者为足以极其功；道非小用，惟力量之凝定者为足以大其用。自有天地以来所以脉络世救，纲维人极[2]于不泯不绝之地者，皆非偶然之故也。太极之理，流行散见于万类之殊，常人得之由之，而不知者也。故必有待于超出乎亿兆人之上者为之君师焉。以一人之心融天地之心，以天地之心觉天下之心，帝之所以为帝，王之所以为王，同此心也，亦同此道也，同此学也，亦同此功用也。然则有帝王之心者，斯能有志于帝王之道；有帝王之学者，亦岂不能进于帝王之用哉！

恭惟皇帝陛下，英姿天挺，圣学日新，自临御以来，孜孜汲汲，既知求此道之用以用其心，则知推此心之用以用天下。其间大震怒、大拂乱，所以撄宵旰[3]之怀，关玉食之抱者，殆非可以一二计也。陛下端居凝邃，加意讲求，所以压万变之纷纭，镇群疑之汹涌，阴以为天下国家之计者，盖陛下求道得力处也。夫求道既有所得，则夫坚始者之念，以就来者之图；勉今日之诚，以为后日之虑；不以仅定为无恐，不以苟安为自足；凡尧舜三代之所以根柢乎盛治者，是政陛下行道用力处也。因其力之有所得，充其力之有所用，天地之眷厚矣！所以答天地之眷者当何如？祖宗之托重矣。所以奉祖宗之托者当奚若？丕绪之承今九年矣。所以充拓事业者，当何修而至？陛下诚能因其力之有所得，充其力之有所用，自身而家，所以正人伦而系风化者，不可不谨其表倡之几；自家而国，所以别贤否而定名义者，不可不致其微渐之虑；自国而天下，所以谨修攘而全爱敬者，不可不极其勉励之诚。其效证于尧舜三代之所已行，其监具于秦汉以下之所并见，其事信于经训史册之所可考。陛下诚于本原之地而极其神，不徒以曰诵曰讲者为常准，则学之为王者事宜，在陛下方寸间耳，臣又何敢容其喙！请以所闻于师者拜手稽首以复陛下之问，惟陛下少垂听焉，臣昧死上愚对。

臣伏读圣策曰："盖闻学之为王者事，由尧舜三代至于今日，未之有改也。而或以为古今有殊时，帝王有异治，世道有升降，各因其时以为治，而无一定之论。吁有是哉！"臣有以见陛下有志于帝王道统之传，而为昧者发道与时异之叹也。臣闻道与心一，帝王之心，与万世一。尧之授舜，舜之授禹，三圣授受相传一道，载之于《书》。人心道心之分，惟危惟微之辨，或生于形气之私，或原于性命之正。惟其形气之并生，虽上智不能无人心；惟其性命之各正，虽下愚不能无道心。故人心每患于难制，而道心每患于难明。难制故危，而安之者常寡；难明故微，而知之者几希。惟精则决择详审而致知之功深，惟一则主宰坚定而力行之用久。是以一中之执，万世惟允。成汤传之，为昭德建中；文武传之，为顺则立极。帝王之治，所以蒸为雍熙，薰为泰和，而无一民一物之不得其所者，皆此道之功用也。夫以功用之散于天下者若是其明著，而根本之敛于一心者，犹不敢废夫讲贯之忱。故尧、舜、禹、汤、文、武之所以号为汲汲于学者，果为何事也？岂非以危微数语，肇启其端？故心法之传，异世同轨。成汤之礼制，文武之克宅，莫不皆致力于本原之地。虽其时之相去，若有不同，而道之相传，未尝不一。自世之昧者观之，泥于迹而不求于心，索于治而不求于道。舜文一也，或疑其劳逸之殊，而不揆④其符节之合；商周一也，或疑其文质之异，而不通夫损益之因。善乎董仲舒之言曰："继治世者其道同，继乱世者其道异。"盖其所以异者，世之治乱而已，所谓道则未尝不同焉。故韩愈亦曰："尧以是传之舜，舜以是传之禹，禹以是传之汤，汤以是传之文武。"即仲舒之所谓继，求韩愈之所谓传，则六七君子之心，越宇宙而同神，历千载而一日，又孰谓其世有升降而因时为治，果无一定之论乎？然则能知帝王之无异心，则知帝王之无异道；知帝王之无异道，则知帝王之无异效矣。

臣伏读圣策曰："夫统理民物，为天下君。膺天地之眷顾，蒙祖宗之付托，若是其重。而本原之地无所据依，以善斯世，不可也。是以尧舜之帝，禹汤文武之王，莫不从事于学，如饥之必食，渴之必饮。未尝外道以出治，舍经以求治也。"臣有以见陛下以天地祖宗之寄为不可忽，以尧舜三王之道为必可行，而欲讲学以求道，即道以求治，而又知所用力之地也。臣闻帝王之心，与天地一，祖宗之心，与帝王一。帝王代天地以裁成其化者也，祖宗法帝王以会通其用者也。故求帝王之治者，当求帝王之道；求帝王之道者，当求帝王之心。心法明则道法著矣，道法立则治法举矣。世去古远，正学不传，生民不见帝王之泽。至治之主，盖不世出，而天地之生圣人，乃间见于千载之后。艺祖皇帝肇造区夏，拨乱立极，读《书》而叹后世刑纲之密，盖有以契夫天地生育之心矣。仁宗皇帝绍休圣绪，继体守成，讲《易》而得六情六气⑤之说，盖有以契夫天地动静之心矣。夫以祖宗讲明学问，稽式帝王，既无一而不契于天地之心，则夫两间之所眷佑于国家，而遗陛下以无强之休者，要非人力之所幸致也。陛下讲学所以朝夕不倦，寒暑不辍，而必欲与帝王之心同一运量者，盖欲以慰祖宗之托而答天地之眷焉尔。故观乎天地，则见帝王矣；观乎帝王，则见祖宗矣。何则？天地付陛下以此位者也，帝王同陛下以此道者也，祖宗传陛下以此心者也。心得其正，则此道为有宗；道得其正，则此位为无忝。位正而道益可行，道正而心益可制。动息造次，常以天下为忧；安舒暇豫，略不以有位为乐。夫如是也，真知夫天地之所付者至大，而不敢以自小矣；真知夫帝王之所同者至公，而不敢以自私也；真知夫祖宗之所传者至重，而不敢以自轻矣。自是而充之，以学力所到，日益月新，心术所存，天宽地大，举一世之人济济于雍熙泰和之域，浑浑乎如四时之春，而不见有炎风朔雪之惨者，皆此心之推也。惟陛下益反诸心而用力焉，则功用岂有难致者哉！

臣伏读圣策曰："朕以眇陋，嗣承丕绪，于今九年。昧旦而朝，咨诹辅弼，延纳英俊，日御经筵，曰诵曰讲，咸有常准。"臣有以见陛下统临于上，愈尊而愈谦；问学之勤，愈久而愈不替也。臣闻帝王之学，厥有本原，惟谨养乎心术之微，不徒为诵说之务；惟深探夫造端之自，不徒为外饰之求。宫庭深邃，燕佚易失；声色满前，志念易泪。四海九州之大，非空言所能维持；一日万几之繁，非小智所能经理。然所以维持而经理之者，其本会于圣心运量之中，其用形于圣学贯通之后，则是心不可以不尽，学力不可以不充也。久矣，放有一念之纵肆，则不足以充此学；有一息之间断，则不足以充此学。外庭固学矣，内庭其可息乎？经筵同学矣，退处其可懈乎？端人正士固与学矣，便嬖使令其可与亵乎？陛下有志于帝王之事，固出于圣心之实。然抑帝王所以兢兢业业，儆戒无虞，孳孳汲汲，悠久不息者，得非陛下之所当深勉，而不徒为言语诵说之末而已者乎！陛下即位固九年矣，然外而疆土之未清，内而奸宄之未靖，陛下而念及此，得不以周之克商九年，大勋未集而勉其忧勤乎？陛下每朝固咨辅弼，延英俊矣，然内而邪正之未明，外而贪廉之未判，陛下而念及此，得不以舜之三考黜陟，庶绩咸熙而为几康之戒乎？不然，以可致之资而不能致，以可为之时而不能为，以可豫备之岁月而自惰于不备不虞之域，若是而曰讲诵有常，臣甚不知陛下讲诵之谓矣。陛下苟能以帝王之心为心，则必深求帝王用力之要。凡六经所载，得之于经筵之所诵讲者，诚非徒以讲诵为也。口以诵之，必反心而载；惟学以讲之，必闻义而力徙。故于至善之所止，则必如好好色使之眼明心悦可也；于不善之所当改，则必如恶恶臭使之影灭迹绝可也。学有如是，则本原正矣。本原既正，则自身而家，自家而国，自国而天下，无一政之不立，无一事之不举。功用之著，其可以限量既耶！

臣伏读圣策曰："六经之道，所以该贯天人，维持世变者，至纤至悉，不可胜穷。而《通鉴》一书，又所以著历代之秽恶以劝戒于后者，莫先于修身而齐家，进君子而退小人，严名分而遏乱萌，修政事而靖边疆，恤民隐而惧天变。"臣有以见陛下会经训之精粗，明史册之劝戒，而欲用力于君德治道之大者也。夫经所以载道也，史所以纬经也。人主之学，所以讲经与史者，盖欲为修身齐家治国平天下之用者也。臣尝以是观之，六经皆所以言天人，而至于该贯其道，则莫详于《易》与《春秋》之为书；六经皆所以维持世变，而所谓至纤至悉，则莫大于《易》与《春秋》之为用。《易》者，六艺之原也。卦有阴阳，固所以明天道也，而吉凶悔吝未始不以人言之。则《易》之所以维持世变者，宜乎极其所谓变通鼓舞之道，而不可以致诘也。《春秋》者，史记之约也。义有褒贬，固所以明人道也，而灾异所书，未尝不以天言之。则《春秋》之所以维持世变者，宜乎定天下之邪正，而乱臣贼子皆凛乎其知惧也。即《易》与《春秋》之旨，而概之六经之道，则维持世变，至纤至悉而不可胜穷。自修身齐家，至于恤民隐而惧天变者，可以类推矣。虽然，此经之所以载道然也，至于史之所以纬夫经者，则自周之衰以讫五代之季，其间安危理乱之分，成败兴亡之故，上下数千年间，皆若烛照龟卜⑥而不可掩。然以善论世变者观之，汉大纲仅正而万目则未甚举，唐万目举而大纲又不能正，则其所以正人伦而系风俗，别贤否而定名义，谨修攘而全爱敬，大概不可以帝王之功用并言者，要亦有由矣。是乌可不为本原之论哉！空谷而足音，晦冥而日月，绝无仅有之中，而求其粗合于古帝王之道，惟文帝一人而已。昔孝宗皇帝与大臣论古今治乱，因曰："自汉唐以来，人君惟汉文帝粗能知道。自文帝之外，人君非惟不知道，亦不知学。"大哉王言！深于考论。夫后世人主之为学者乎？试即文帝之粗知道者观之，虽其礼文之事犹或多缺，然刺取六经，盖亦仿佛于王者之意。故当时之治，蔼然犹有王者气象，非粗知道者其孰能之？自其躬玄嘿丽道准仁，而修身之道粗明。所幸夫人衣不曳地，而齐家之道粗立。张武受赂益愧其心，吴王不朝，赐以几杖，而治国之道又粗审。以至弃细过而绝戎隙，成军礼以张国势，务休息而专德化，警灾异而求直言。凡可以为平天下之道者，亦粗于此而加之意。然则文帝之所以为汉德之盛者，岂非粗知道之效欤？夫惟文帝粗知六经之道，既足以致后世之治，后世考论文帝之史，则当劝其所以为文帝者，而戒其所以不如文帝者，当劝夫文帝之可以到帝王者，而戒夫文帝之终于未到帝王者，则治道功用，又岂容外吾心而求之乎？臣愿陛下反求此心，加意力行，以可到帝王者自勉，以未到帝王者自励，此则在于用力不用力耳，乌患其有难行者哉！

臣伏读圣策曰："朕深惟经训史策，日陈于前，文字繁多，途辙迂阔，求其所以置力者，乃即燕闲，窃有慕古人缉熙光明之义，日就月将，躬履神会，盖以基治道之本，一人心之归，使普天率土，若士与民，悉共由于理义，而无本末舛逆之患，上下异向之风。顾不韪欤。"臣有以见陛下加意于缉熙之诚，用力于本原之地，而欲推而达之于治道功用之大也。夫经之与史，虽文字之繁，而关于君德治道者，则未尝无纲领之要。夫"缉熙光明，日就月将"，此诗人之所述，而成王用力为学之实也。至于曰"躬履"曰"神会"，此则陛下心术纯明，义理融贯，能以诗人之所述者究心，而又以成王之所学者用力也。益躬之所履，皆力行之事；神之所会，皆致知之功。行无不力，则"缉熙"矣；知无不致，则"光明"矣。以陛下之"躬履神会"，求成王之"缉熙光明"，而又形诸心画，发诸圣制，布尧言于天下，断断然以为自天子至于庶人壹是，皆以修身为本，而知大学之有益于人国矣。举天下之大，家传人诵，皆灼灼然知陛下"缉熙光明"之懿，殆与成王不可以异观矣。抑成王之所以谨养其心，以为讲学之本也，陛下亦尝实用其力乎？臣考诸《诗》曰："敬之敬之，天维显思，命不易哉！"群臣告成王以用力之大者也，而谆勤恳切之意，又必继之以"无曰高高在上，陟降厥士，日监在兹"。盖欲其知天之监，无往而不在，无时而不然，而敬之为敬，无一动之或违，无一息之可驰也。成王于此，灼知用力之要，谦虚挹损⑦，形之于言曰"惟予小子，不聪敬止"，必加之以"日就月将"之诚，懋之以"缉熙光明"之益，积而至于亿万年天体之敬。以是而论，则知"缉熙光明"，乃为学之要；而"敬之敬之"，又缉熙光明之要也。今陛下既即燕闲，慨慕于古事，非不伟也。至于古所以谨处燕闲，无微而不敬者，兹又陛下切身之事。而治道之所由，以基人心之所由，以一义理之所由，以克广者也。盖敬者"主一无适"之谓，彻上彻下之道，陛下与成王所谓缉熙光明之实，而二帝三王所以传授心法之准的也。故必绌绎心思，续续不已，充广心地，恢恢有余，而后可以言缉熙。清明一有纷泪，志虑一有间断，气象一有褊狭，则不足谓之缉熙矣，而可以为敬乎？必明善诚身，动与理觉，尽心知性，静与理融，而后可以言光明。物欲少有障蔽，血气少有昏蒙，智识少有凝滞，则不足谓之光明矣，又可以为敬乎？陛下之所谓躬履，盖履此敬也；陛下之所谓神会，盖会此敬也。以是而基治道，使天下国家之治，如尧舜三代之盛可也。否则规摹弗立，玩愒小康，本末之不能无舛逆者，皆治世之累也。以是而一人心，必使远近风俗之化，如尧舜三代之美可也。否则仪刑弗谨，观听莫新，上下不能不异其向者，皆风俗之弊也。陛下能反求此心，常守此敬，内主乎一而不病乎杂，外无所适而不徇乎私。本正而末自随，上倡而下必应，阴消其舛逆之患，潜格其异向之风，则其感动意思，殆与七十子之服孔子者，同一机括也。臣愿陛下以真存心，则躬履神会，自不能掩其功用之著。由是而充之，则以成帝王之学，造帝王之道，惟陛下加之意而已。

圣策又曰："若夫商政治之得失，求民俗之利病，论士习之厚薄，则有所未暇。盖以本原既立，则他可以序举也。"臣窃谓陛下之言及此，岂非天下之幸而天地祖宗之望陛下者乎？盖政治之得失，每系于君道转移之间；民俗之利病，实关于君政修废之顷；士习之厚薄，亦视夫君心之好尚者如何。陛下不屑屑于三者之计，必谆谆于本原之正者，岂非以用力于本原者既善，则三者之效特举而措之耳。故《中庸》论为天下国家有九经，而曰所以行之者一。《大学》言齐家治国平天下之道，亦以修身在正心者为之本。陛下讲明于此，盖亦熟矣。继今而后，极致知之善，尽力行之诚，因全体之明，求大用之著，必刚以制欲，必勇以力行，必恭俭以约己，必渊静以养心，如是则本原既正，三者之序断断乎其可举。不然，外有讲学之文，内无讲学之实，诿本原之论，以盖其事体之失，假修饬之具，以掩其修省之怠，戒酒有箴而无益于制心，缉熙有记而无益于进德。若是而曰政治之未暇问，民俗之未暇问，士习之未暇问，是自置天下国家于圣度之外，又安足以为本原之论哉！昔孝宗皇帝圣训有曰："朕心未尝放下，一日间天下定行一道。"孝宗之所以经营于念虑者，若是其详且悉，曾谓其以本原之是正而一切付天下之事于未暇问乎？圣谟洋洋，载在国史，皆陛下之所当体而行之者也。臣愿陛下益反之心，曲加其真实无伪之功，广推于外，旁达其运量不穷之妙，则本原在于圣心矣。凡陛下策臣以经史之所当讲者，皆可以序而举，况于是三者之务哉！

圣策之所以幸教臣者亦已至矣，而陛下谦冲温粹，犹终之曰："子大夫奉对于庭，其以有得于经史者，绅绎而毕陈之，朕将亲览。"臣仰见陛下咨访不倦，嘉与草茅之贱，求本原之纤悉，非徒为是诹采之文具也。臣窃闻六经之书，致治之成法也。史之为史，亚乎六经者也。夫致治成法，既皆具于经，而史又亚乎经之道，则凡天下国家之治，非徒本原之是正而已。至于纤悉节目，所以救习俗之失，防人心之微者，经之与史，盖相贯通而互发明也。陛下既俾臣等绅绎而毕陈之，臣不能罄竭肤浅之万一，以为陛下告，不惟下负所学，抑亦上负陛下之谆诲矣。然臣之所尤拳拳于陛下而不能自已于纳忠者，其说盖有三焉：一曰固民心，二曰肃军心，三曰正士大夫之心。盖民者，国之命脉也；兵者，国之精神也；士大夫者，又国之医师砭剂也。为人上者，当使命脉坚强，精神运动，常致谨夫医师砭剂之用，以为元气调养之方，则立国之势，自隐然有安靖和平之功用矣。臣请竭其愚而终言之。

《书》曰："民惟邦本，本固邦宁。怨岂在明，不见是图。"此言民不可以不固，怨不可以不弭也。今之所以固民者何如耶？田间困于科率[8]，市井困于征求，商贾困于抽敛，富家大室困于奄没之刑，迭是数困，犹未已焉。远近怨咨不可闻也，乖戾之气上熏于天，激而为江闽之盗，滋而为辅近之奸，涨而为都会之灾，溢而为边陲之警，延而为数千里之旱，岌岌殆哉！国家命脉，一缕千钧，深可虑也。昔光武中兴，邓禹劝之以立高祖之业，救万民之命。先朝范镇亦曰："欲备契丹，莫若宽天下民。"此皆所以为命脉计也。陛下及图之，则其证犹可起也，否则非臣之所敢知矣。

《书》曰："其克诘尔，戎兵以陟，禹之迹至于海表，罔有不服。"此言卫国以兵，诘之者有其道，则服之者有其机也。今之为兵者何如耶？自核实之不加，而兵益以冗；自训练之不精，而兵益以惰；自豢养之不戒，而兵益以脆；自等级之不严，而兵益以骄；自刻剥纵弛之相蒙，而兵又流于叛且溃矣。夫国家竭民之力以养兵，盖资之以卫吾国也。今乃不冗则惰，不惰则脆，不脆则骄，不骄则叛，不叛则溃，习于纵敌而不习于死敌，利于为寇而不利于御寇，敢于犯上而不敢于卫上。于是士卒得以陵偏裨，偏裨得以陵主帅。闽南之纷乱方迹，而继之以江右之陆梁；西蜀之惊荡方传，而因之以淮东之奔迸。姑息养祸，浸以成风，蔓草难图，忧未歇也。昔晋文公城濮之战，见其师少长有礼而知其可用；艺祖皇帝始明军法，使以阶级相承，小有违犯，咸伏斧锧。是以上下有序，无征不服，此皆所以为精神计也。陛下其及图之，则其患犹可弭也。否则非臣之所敢言矣。

夫固国以民，卫国以兵，二者命脉之所关，精神之所系，一日不可忽焉者也。然所以护养其民，调伏其兵者，惟有士大夫以为医砭尔。夫圣人养贤以及万民，而命将遣帅以卫中国者，亦以重戍役车徒之责。今之为士大夫者，臣又不知其果何如邪？陛下以培固邦本为心，而监司守令则行之以腹削膏血之政；陛下以运动国势为心，而曰将曰帅乘之以消沮士卒之私；陛下以兴利除害、信赏必罚为心，而内外大小之臣，则应之以虚诞苟且、偷安旦暮之计。是无怪乎上之真德实意，不能宣达于其下；下之吞声隐气，不能通达于其上。上下隔绝，于势分之交违，则夫民怨而思乱，兵怨而思叛，亦其理之所必至也。昔汉宣帝欲安渤海之警，得一龚遂，单车至府，宣布教令，慰安牧养，盗为之悉平，而民不患其不安者，以得人而安之也。唐马燧之在河东，驭马厮役教以骑射，比及二年，得精兵二万，而兵不患其不强者，以得人而制之也。是以国朝开基之初，藩侯不抚百姓，则有断不容之之戒。至于南征北伐，战胜攻取，兵不过二十万者，亦惟以曹彬、潘美为将耳。此其于国家砭剂之用，明效大验，彰彰然足以为后人嘉赖维持之地。盖汉唐之美，独盛于一代者也。今陛下所慕者，帝王之道；所鉴者，汉唐之言；所取者，祖宗贻谋之善。则其所谓一军民之心者，要莫先于正士大夫之心；而其所以正士大夫之心者，又不过先正陛下之心而已。董仲舒有言曰："人君正心以正朝廷，正朝廷以正百官，正百官以正万民，极而至于四方远近之一于正。"此又自本原而达之功用，古今不易之至论也。惟陛下于此而实用力焉，则天下幸甚，宗社幸甚！臣无任昧死，谨对。

注 释

①微小而浅陋。自谦的说法。　②人为的准则。　③宵衣旰食的省略。形容皇帝尽心操劳政事。　④度量，揣度。　⑤指喜、怒、哀、乐、爱、恶六种情绪和阴、阳、风、雨、晦、明六种自然现象。　⑥像蜡烛照明一样明察，像龟甲占卜一样灵验。　⑦减少，贬抑。　⑧官府于民间定额征购物资。

赏 析

全文贯穿着"帝王之学贯天人"的治国理念，提出"固民心、肃军心、正士心"三策，直面南宋末年苛税盘剥、军纪涣散、吏治腐败之弊。其文熔铸六经精义与《通鉴》史鉴，既倡"主敬"心学以正本清源，又重汉文治术以经世致用。论治道则溯源尧舜禹汤，析时弊则痛陈"五困三危"，谏言如"国家命脉，一缕千钧"振聋发聩。作者坚守"民惟邦本"的务实精神，既引董仲舒"正心正朝"之论，又举光武、艺祖安民强兵史例，将心性修养与军政实务熔为一炉。全篇结构宏阔，引证绵密。

宝祐元年（1253）癸丑科

状元：姚勉

策 问

问：朕临政愿治，夙夜不遑康宁，每惟自昔帝王，莫不急亲贤之为务。今选举之法，未戾于古，而得人之效，有不如人意，所以每当馈而叹。子大夫咸造在庭，其相与茂明之。

夫学术者，君子所以维持斯道者也。达于性命之原，穷乎圣贤之指，形于气节，见于言议，平昔之所讲贯，其要可得闻欤？才智者，则所以经纶斯世者也。或识国家之大体，或知民事之本末，材术足以裕邦计，谋略足以捍边陲，平昔之所蕴蓄，其亦有所本否欤？今朕所以搜罗天下士者，无所不用其至。

进士一科，自唐而重。祖宗盛时，或一榜才百二十人，而得四贤相；或胪传之际，日有五色，而多得名臣。果何道而臻此欤？近岁州乡贡举，率多混淆，考核之法，有不容略，故既选于礼部，又复试于中书，朕拳拳于作新者至矣。械朴之茂^①，丰芑之仁，子大夫其亦有以称朕意者欤？

学校之设，所以教养作成。庆历中，湖学最盛，置治道斋以讲明世务，遂取其法以教太学，而胡瑗职教京师，几二十年，是岂徒校一日之长者欤？今负笈担簦，云集行都，来者甚众，而与选者甚寡，朕心为之恻然。其当何道，使无道路之劳，而坐收教养之实欤？

资荫入仕，与寒畯同升，患其不学，故严程试，近岁浸成文具。若祥符之诏，令于国学习书二年，乃送审官考试，淳熙之议，欲令铨试，本经法律，各取其半令举，行之可欤？书判之选，唐铨部常用之，至有龙筋风髓之誉。建隆、天圣，立拔萃科，或于内殿，或于秘阁。朕比以吏道之衰，复书判于吏部，以考狱官县令之能否，亦唐世与祖宗之旧也，其法可详否欤？

贤良之举，祖宗以收魁垒杰特之士，如富弼、张方平辈出焉。自熙宁以试进士策，与大科无异，由是罢之。绍兴、淳熙，追思前宪，下诏复置，而应书绝少，今可复之，茂异之才其出否欤？自绍圣以宏词十二体，取该博华藻之士，比年以来，应选亦稀。朕方患词采之衰，欲令四方人士共兴其习，议者乃谓立法未尽善，何欤？

右科之设，本以示右武而求韬略，非特校虚文而课骑射也。兵兴累年，未闻慷慨以英略著者，其故何欤？

遗逸之召，当取人于岩穴，如艺祖之招王昭素，太宗之召陈抟，真宗之起种放，有光简册矣。今日亦未有可副明扬之旨者，抑又何欤？

夫是八者，上之所以求于下，法意之未尽，可商榷者，固朕所欲闻。若学术才智二者，则下所以应上之求，有关于世道之大。子大夫贲然来思，必不耻于自言，其合而具陈之，毋略。

对　策

臣对：臣恭惟皇帝陛下十诏宾兴[②]，九临轩御，求贤靡倦，博采刍荛。兹者进臣等于廷，策之以选举之八事，而欲得夫学术、才智之二者，以扶世道，真尧舜之用心也。臣来自远方，怀忠欲吐，意陛下必策之以当世之务，理乱安危之机，而圣问所及，乃止于此，其虑臣等触时讳，而不使之言乎？抑亦虑臣等有待对之帖括，而问其所不备乎？甚非策士本意也。虽然，人才亦国家之重事。陛下求学术者，则欲其达性命而学圣贤，挺气节而发言议，求才智者，则欲其理国家而究民事，裕邦计而捍边陲，亦皆时政之大者。臣敢因陛下之问，而条其所以对，然后以臣所欲言者，为陛下言之，惟陛下试垂听焉。

臣闻求天下之士以文，不若淑天下之士以道。以道而淑天下之士，正其心也；以文而求天下之士，蛊其心也。上帝降衷，烝民有则，孰非良心善性之赋？惟民生厚，因物有迁，则教之者非其道耳。《中庸》曰："天命之谓性，率性之谓道，修道之谓教。"言古先圣王，所以教天下者，惟修其性中之道也。《大学》曰："大学之道，在明明德，在新民，在止于至善。"言古先圣王，明其心之明德，以新天下之民，而皆止于义理之极也。古之所以淑天下者如此。自乡举里选首废于周，而策士有科始见于汉，既非古意矣，犹未至以词章也。隋唐以来，始有进士，科目之诱既设，利禄之习益牢，然后天下之士，愈不知所谓道。心术日坏，以至于今，士习之趋犹唐旧也。虽然，变今之士习，臣犹以为易致力焉。何也？自孔孟绝响以来，士不知道。隋之世惟一王通，唐之世惟一韩愈，然皆得圣门之仿佛，莫造斯道之精微。如通以圣人之心迹有殊，愈以人之性有三品，其于圣道皆昧指归。学道之士且然，而况科目之士！故士习难骤变焉。天开我朝，道统复续，艺祖皇帝问赵普曰："天下何物最大？"普对曰："道理最大。"此言一立，气感类从，五星聚奎，异人间出。有濂溪周敦颐倡其始，有河南程颢、程颐衍其流，有关西张载翼其派。南渡以来，有朱熹以推广之，有张栻以讲明之。于是天下之士，亦略谓道矣。闻古圣人之所，虽为科目之学蛊其心术，而道学之功每从而救之，识之明者亦多觉焉。臣故曰：变今之士习为易。使上之人不专以文求天下之士，而专以道淑天下之士，则学术才智之士，宜出为国家用矣。

陛下聪明天锡，问学日新，接尧舜精一执中之传，得孔孟《中庸》《大学》之旨，陛下可谓知道之君矣。抑臣犹愿陛下，推是道以淑天下之士也。而陛下之所以策臣者，则未免于以文耳，是非所以淑天下之士也。教之无素，求而得之者亦陋矣，间有能为天下用者，亦天资暗合耳，岂以道用天下者哉！古之盛时，自八岁入于小学，其所学，则洒扫、应对、进退之节也，礼、乐、射、御、书、数之艺也。十有五而入大学，其所学，则格物、致知、诚意、正心、修身、齐家、治国、平天下之序也，此古之士所以多全才也。后世以来，所习者词章，所志者利禄。进士可以求仕，则挟书假手者有之矣；学校可以求进，则诡名冒贯者有之矣。世禄之家能学有几,已仕之人可试尚多。贤良③惟僻书奥传之观,而道则不知;词科惟奇文丽藻之习,而道则愈暗。武科则岂真有山西将帅之学?遗逸则不过为终南捷径之求。道之不闻,弊乃至此,无他,上之人求之者以文,则下之士应之者亦惟以文也。陛下而欲一新乎士习,盍亦先正乎人心。人心正,则士习新,虽以科目求士,亦皆得人矣。尚何学术才智之乏哉!臣请为陛下疏言之,谨昧死上愚对。

臣伏读圣策曰:"朕临政愿治,夙夜不遑康宁,每惟自昔帝王,莫不急亲贤之为务。今选举之法未戾于古,而得人之效有不如人意,所以每当馈而叹。子大夫咸造在庭,其相与茂明之。"臣有以见陛下求治之切,欲得人以为用,而叹选举之难得士也。臣闻求于末者,不若求于本。心术者,本也;选举者,末也。今之人则选焉而得,举焉而获。本之不正,而惟欲于末以求之,虽日变其法而使详,日讲其术而使精,天下之所以应之者,亦止于如是之人耳。何则?本之不求而求之末,固如是也。求之本则道矣,求之末则文矣,文岂足以观人才乎!故成周之时,以德行道艺兴天下之贤能。德则六德:知、仁、圣、义、忠、和也;行则六行:孝、友、睦、姻、任、恤也;艺则六艺:礼、乐、射、御、书、数也。而独不言所谓道,岂非道贯乎三者之中,而有德行艺者,毕不可以不知道乎?是以文武不殊科,有武者亦皆有文;将相不殊途,可相者亦皆可将。古之人何以能是也?无所不通之谓道,知道则无所不能也。成周曷尝求之选举之末哉?乡以三物④教万民,而宾兴之。先教后兴,盖有素矣;兴而曰宾,盖有礼矣。岂若后世,圜棘以试之,糊名以考之,待之者亦甚贱乎?况夫古之所以用乎士者,所献之书,虽登于天府,所仕之地,则不出其乡闾。故天下之士,皆知所以自重,而无所谓奔竞之习。今之所以教天下则异是矣。六艺云者,古人之所谓末节也,今之士亦皆不复知矣,而况所谓六德六行哉!未仕者志高科,已仕者志高位,不得不止,愈进愈贪。弃父母,左亲戚,背坟墓,远乡邦,逐逐然惟利禄之计,则科举之法有以坏之也。科举已久其行,何敢轻议变革?臣但愿陛下以道而淑天下,使天下之士知天爵之可贵,而人爵不足贵;知义荣之可尊,而势荣不足尊。利禄之心轻,则科举之念轻,科举之念轻,不得已而后应科举,则恬退静重之士出,而顽钝无耻之风亦可以少息矣。安有得人之效不如人意哉！

臣伏读圣策曰："夫学术者，君子所以维持斯道者也。达于性命之原，穷乎圣贤之指，形于气节，见于言议，平昔之所讲贯，其要可得闻欤？才智者，则所以经纶斯世者也，或识国家之大体，或知民事之本末，材术足以裕邦计，谋略足以捍边陲，平昔之所蕴蓄，其亦有所本否欤？今朕所以搜罗天下士者，无所不用其至。"臣有以见陛下思得夫学术才智之士，以为天下用，而慨今世未有其人也。臣闻学术、才智，一事也。学术其体，而才智其用也。有学术而有才智，其人则君子；有才智而无学术，其人则小人。陛下求人才，必皆求其两全之人，最不可各求其一也。至于圣问所及学术之四事，才智之四事，则脉络相贯，事理相关，亦不可以异观者。是故达性命之原，则能穷圣贤之旨矣；秉正直之气节，则发忠鲠之言议矣；识国家之大体，则知民事之本末矣；有裕邦计之材术，则全捍边陲之谋略矣。臣请为陛下条陈之。

夫圣贤教人，惟性命之学而已。在天为命，在人为性。命则天令之自然，性则仁、义、礼、智四端之固有也。是故为士者，当全天所畀付之命，而尽人所固有之性。天命之性，则一善而无恶，不可执气质之性以为性也；四端之性，则一真而非伪，不可泥释老之所谓性以为性也。圣贤教人不过如此，今之学者则异是焉。资禀之下者，局于功利之申、韩；资禀之高者，溺于虚寂之释、老⑤，高谈性命，藐视辈流。好虚议论者，无实事功；尚虚声名者，无实践履。为程颢之体认"天理"二字者，谁欤？为程颐之求"孔颜所乐何事"者，谁欤？为朱熹之欲为朝廷措置大事者，谁欤？明善、诚身之言，资士夫谈柄而已，固不知善若何而明，身若何而诚也？格物致知之说，窃先儒绪论而已，固不知物若何而格，知若何而致也？道之在天下，体可以达用，精可以贯粗。而今之言道者，则以为无用之空谈，不能见于有用之实学，圣贤岂如是乎？臣故曰：达性命之原，则穷圣贤之指者，此也。

夫议论者，自气节而发也。天下安有无所谓气节，而有议论者哉！王素为谏官，以"独击鹘"见称，则王素之气节为之也。刘安世在言路，以"殿上虎"见惮，则刘安世之气节为之也。有欧阳修之气节，则能排夏竦之奸邪；如王拱辰则初虽弹竦，而终则攻杜衍矣。有吕诲之气节，则能劾王安石之巧诈，如常秩则始虽立节，终则附安石矣。无气节而有议论，天下有是理哉！今之士大夫，气节言议，视先正似若少逊矣。以讦直为矫亢，以缄默为安静，以随声附和为不立异，以无所指斥为不近名。陛下非不容受直言也，又非不舍己从人也，而曾未有言焉者。今天下之窃议时政，惟曰内批也，营缮也，近习之弄权，而外戚之除授也。然而缴还内降如杜衍者，谁欤？论张尧佐四使如唐介者，谁欤？请不再建玉清昭应宫者，谁欤？夺任守忠节度，指曾觌、龙大渊奸利者，又谁欤？苟有一言，臣知陛下必从之也。无一人为陛下言者，而徒诿曰"恐陛下之不受得"，无类于欺君乎！是皆气节不立之过也，而何言议之有！臣故曰：秉正直之气节，则必发忠鲠之言议者，此也。

国家大体，其本在仁。艺祖皇帝陈桥驿之言，紫云楼之誓，子孙万世，根本在斯，爱养元元，是为大务。胡今膏泽不下于民？陛下仁厚，论中所谓以术辅贪，以材济虐者，往往皆是。有如去岁，叠见重灾。九郡生灵，为鱼鳖之墟；众大民居，为灰烬之地。不加赈恤，民命谓何？撤阛阓[6]而广通衢，略无救正之谏；侈土木而穷事力，第先应办之谋。以至监司守令之官，所谓承流宣化之任，而诸路台节，旷职甚多，弄印不除，褰帷何有？贪吏腴民之脂髓，虐吏戕民之肌肤，陛下深拱九重，亦安知此？是盖不知有国，故不知有民也。臣故曰：识国家之大体，则知民事之本末者，此也。

今之备边，重在兵食，食苟不足，兵何由强？而今之兵赋，体统乖异。制阃[7]则曰"食少"，总饷则曰"兵多"；制阃则曰"乏粮"，总饷则曰"虚籍"。岁行和籴，内斫本根，边有屯田竟无效验，徒耗事力不立规模。敌至则逃，敌去则舞，乘军之退，则以为功，愚弄朝廷，希觊酿赏。侧闻壬子之蜀祸，甚于丁酉之北兵，而掩败不言，惟以捷告，观其夺回虏掠三十万计，则知残害鱼肉凡几何！人生聚良难，岂堪频蹂！边之不能御，政坐不能练兵足食以为备，而徒以欺朝廷为心也。臣故曰：有裕邦计之材术，则全捍边陲之谋略者，此也。是皆不知道而然也。无道中之实用，而尚虚文以欺世，其失固宜矣。故臣愿陛下求才智于学术之中，而毋求才智于学术之外。苟不求其学术，而第求其才智，虽求士无所不用其至，非所谓至矣。陛下而先审乎此，则选举八事，臣得以次第而熟效于前。

臣伏读圣策曰："进士一科，自唐而重。祖宗盛时，或一榜才百二十人，而得四贤相；或胪传之际，日有五色，而多得名臣。果何道而臻此欤？近岁州乡贡举，率多混淆，考核之法，有不容略，故既选于礼部，又复试于中书，朕拳拳于作新者至矣。棫朴之茂，丰芑之仁，子大夫其亦有以称朕意者欤？"臣有以见陛下加意于进士之科，而欲如祖宗得人之盛也。臣闻求天下之士者，科目也；坏天下之士者，亦科目也。士不务道，惟知工于声病之文；用不适时，惟知习于套括之学。其未仕也，用力惟在于此；其既仕也，从政曷知其方？失在于所学非所用，所用非所学也，非科目坏之乎？大抵科举之取士，惟在于文，不在于道，故天下之士，不习乎道，惟习乎文。每至三年谓之大比，群众以考其艺，誊录以观其文，不求之乡评，不本之宿望，惟其文足以惑有司足矣，初不必素行之可以服乎乡里也。惟能窃用先儒之言，而谓之明理学足矣，初不必用力真在乎义理也。词赋不本于理，致日以雕镂；经义不求其指归，日以穿凿。至于论策之作，欲观其通达之才，而乃俪叶骈花，抽黄对白，竞为纤巧之制，无复浑厚之文。世变如斯，可为太息。然此犹自能之者也，固有平时不稔于文声，一旦忽腾于榜帖，由私径以鬻举，挟厚赀以倩人，公道益亡，科举遂陋。臣观有唐取士，乡贡以荐而充，虽或间有私情，不敢大废公论。有如武陵之托杜牧一赋，韩愈之荐侯喜数人，允为得才，今岂能及？故唐之世虽曰私，而犹有公议；今之世虽曰公，而实用私情。

臣为科举之谋，其说有二：一曰严考校于其始，一曰公复试于其终。科举所选考官，必有出身科第之人，然后可在考校之列，不知出身之士，半是假手之人，以若持衡，安能得士？臣愚以为方今诸州贡士之际，以至省闱廷对之时，精选考官以惠多士，其或谬得科第，决不使与校文，则不至于滋缪种矣。昔仁祖朝，用欧阳修典贡举事，一脱西昆之体，丕变嘉祐之文；用能革险怪之刘几，得名世之苏轼，皆考官得人之验也。臣故曰：严考校于其始。今日省闱取士之后，必行复试，可谓良规。独于州县取解之时，虽有帘引，未免文具，使乡举果皆得实，则省闱安有不通。而州郡之间，奉行不恪，以覆护为长厚，以驳放为过苛，不知取此庸流，他日又将安用！臣谓州郡奉行之意不恪，亦由朝廷连坐之罚不严。倘自今以往，省闱复试不通者，所属州郡真行连坐之罚，则必可以得实材矣。前日都堂复试，已极提防，然虽能察张奭曳白⑧之庸，未能觉湿皎潜救之巧，似闻掩覆，大是吏奸。今已噬脐，后当加意，毋使人谓清明之世而犹有是也。昔艺祖时，徐士廉诣院，诉榜不公，始命复试。当时考核，可谓至公。虽以陶谷之子，登科亦必在所审察，此复试尽公之法也。臣故曰：公复试于其终。虽然，此犹未为淑其心也。朱熹在同安，尝因县补，明布训谕，俾父兄毋为子弟假手，以教之欺。陛下倘能以道淑人心，使人知此义，则能而肆假手，庸而求假手者，皆愧矣。榜才一百二十人，而得四贤相，廷唱之际，五色云见，而得世名臣，何患不如祖宗盛时乎！

臣伏读圣策曰："学校之设，所以教养作成。庆历中，湖学最盛。置治道斋以讲明世务，遂取其法以教太学，而胡瑗职教京师，几二十年，是岂徒校一日之长者欤？今负笈担簦，云集行都，来者甚众，而与选者甚寡，朕心为之恻然。其当何道，使无道路之劳，而坐收教养之实欤？"臣有以见陛下轸念学校之士，而欲加教养之功也。臣闻学校者，最近民而易以化民者也。今之天下莫不有学，而学校以养士，科目以取人，两不相关，学遂虚设。于其艺而不于其行，考其暂而不考其常。能为发策决科之文，则曰能事已毕；问其根本当然之事，则茫然不知。气习一浮，风俗遂薄。内则有燕安废学之失，外则有挑达在阙之愆。逐利惟竞于锥刀⑨，养指遂失其肩背。失在于所养非所教，所教非所养也。太学，四方所聚，实系观瞻，而乃诡冒成风，遂成奸弊之薮，祈恩趋利，尤开侥幸之门。太学尚然，况乎天下？有如省闱之试，辄求泛免之恩。使朝廷确然不行，则幸门何由而启？而乃务为姑息，复与放行，弊例一滋，公法何在？朝廷曩欲士子之安乡井，乃偏州郡而行类申，曾不几时，又复中变，于是补闱之士，云集京师。无鼓箧孙业之风，如螯弧先登之状，躁死不可胜计，仁人岂所忍闻？是皆启侥幸之心，所以激纷纭之祸。迩者廷臣欲分路而试，其法亦可谓良，而臣为学校之谋，其说有二：一曰定教育之良法，一曰示奖励之微机。

夫养士，欲养之以为异日用也，而可徒教以无益之时文哉！是必教之以三纲五常之道，教之以修齐治平之序，而后可也。今天下监司郡守，有能知理道之人，乃于学校之外，创立精舍，讲明义理，意固善矣。而精舍讲道，学校习文，然则学校之士不必知道乎？又不当如此异其趋也。昔先儒程颢有言曰："治天下，以正风俗、养人才为本。宜访经术充备，足为师表，笃志好学，材良行修者，朝夕相与讲明正学。其道必本乎人伦，明乎物理，自洒扫应对，以修其孝弟、忠信、明善、诚身，以至于化成天下。其学皆中于是者，为成德。取材识明达，可进于善者，使之受其业。"若颢此言，则臣所谓教养之良法也。科目、学校，自是两途，欲立学校之规，当于科目之外。方今太学舍选，亦与科举并行，固亦此意。然舍选所取，亦惟其文，其所谓行，则坐斋满季，无私过议罚之谓耳。行止如是而已乎？此特蔡京之法也。况太学为然，而天下之学不皆然乎！程颢又曰："择学明德尊者为太学之师，次以分教天下之学。择士入学，县升之州，州宾兴于太学，聚而教之。岁论其贤者、能者于朝。凡选士之法，皆以性行端洁，居家孝弟，有廉耻礼节，通明学业，晓畅治道者。"若颢此言，则臣所谓奖励之微机也。虽然，师儒则每难于择焉。昔仁祖朝，命胡瑗以为太学师，取湖学以为太学法，爰教人以有用之学者也。当时伊川程颐，实在表倡之列，天下士安有不知道者乎？陛下而以道淑天下，取程颢之言以为法，命胡瑗之类以为师，则士无道路之劳，而有教养之惠矣。

臣伏读圣策曰："资荫入仕，与寒畯同升，患其不学，故严程试，近岁浸成文具。若祥符之诏，令于国学习书二年，乃送审官考试；淳熙之议，欲令铨试，本经、法律，各取其半令举，行之可欤？书判之选，唐铨部常用之，至有龙筋凤髓之誉。建隆、天圣，立拔萃科，或于内殿，或于秘阁。朕比以吏道之衰，复书判于吏部，以考狱官县令之能否，亦唐世与祖宗之旧也，其法可详否欤？"臣有以见陛下欲察任子于未仕之初，而且欲察县令狱官于已仕之后也。臣闻：夫已仕未仕之人，皆当使之知道。苟不知道，则未仕者固无所取材，已仕者又何所取材哉！

臣请先以任子言之。方今冗官之弊，全在任子之多。三岁取士仅数百人，而任子每岁一铨，以百余计，积至三岁，亦数百人矣。纵观州县之仕，为进士者不十之三，为任子者常十之七，岂进士能冗陛下之官哉！亦曰任子之众耳。阀阅鼎盛，亲故复多，挟厚赀而得美除，结奥援而图见次，考第未满，举削已盈，寒畯之流，亦安能及？使任子其人皆能才识如吕端，问学如张栻，岂不足以为天下之用？独斯人之不多得耳。身燠锦绮，岂知陛下之民之寒？口饫膏粱，岂知陛下之民之馁？庸者受成胥吏，虐者擅作福威。寒畯生长诗书，明习义理，决不至有是也。臣谨按：《春秋》讥尹氏之世卿，讥仍叔武氏之子弱，则任子之不当有明矣。臣观古人赏曰"世延"，仕曰"世禄"，使之有田禄而已，初非使之世其官。任子之法起自汉朝，必父兄真知其子弟之有材，然后保任而授之位，非如今之官及则任也。儒者未仕之前，皆知任子之可抑，才玷郎秩，荫可及门，则不复为是言矣。是私也，非公也。为己子之计，故不复以任子为非也。是必为父兄者，如先正之不为子弟祈恩，为子弟者，如先正之自取儒科，不受门荫，则善矣，然而难能也。臣谓任子之恩，朝廷当稍加裁抑，不至冗纷。三岁一郊，少减奏荐之散，每岁一铨，必严考核之法。如祥符之诏，令于国学习书二年，使稍知道，然后如淳熙之议以试之，斯可矣，否则亦文耳。文岂足知任子之贤否哉！至若令录之官，尤当深识道理。使为县令者，常有学道爱人，弦歌为邑之意；为狱官者，常有失道民散，哀矜勿喜之心，则书判虽不试而何害？苟为不尔，虽有龙筋凤髓之誉，徒美观也；虽中书判拔萃之科，亦虚文也。士而能为文章，安有不能书判？此但可以观其曲直是非之识耳。其贪如狼，其苛如虎者，亦何自而知之哉！虽然，臣犹幸铨闱之试，尚可以惧愚骏之任子；书判之试，尚可以惧庸缪之令录也。抑臣闻之，试则当公，不公则不必试。闻之道路，铨闱固可捐厚赀而得传义，书判亦可先嘱省吏而得案牍也。倘或无之，言之者固无罪；万一有此，闻之者不足以为戒乎？试已非古矣，试而私焉，曷若不试乎？惟陛下察之。

臣伏读圣策曰："贤良之举，祖宗以收魁垒杰特之士，如富弼、张方平辈出焉。自熙宁以试进士策，与大科无异，由是罢之。绍兴、淳熙，追思前宪，下诏复置，而应书绝少，今可复之，茂异之才其出否欤？自绍圣以宏词十二体，取该博华藻之士，比年以来，应选亦稀。朕方患词采之衰，欲令四方人士共兴其习，议者乃谓立法未尽善，何欤？"臣有以见陛下欲复贤良之科，以收魁垒杰特之士，而又欲新宏词之科，以收该博华藻之士也。臣闻：异等大科，皆当知道。苟不知道，名贤良者，固无足观，名宏博者，亦无足观也。

臣请先以贤良言之：今世贤良久废不举，盖自淳熙以后无之矣。夫贤良者，所以待非常间出之士也。三岁大比之时所得，恐或常士，于是又设贤良之科以取之。能谋王断国，斯可谓之贤良；能直言极谏，斯可谓之贤良。此名未易当也。熙宁之朝，以贤良与策士无异，由是罢之，盖有深意。自苏轼兄弟以直言对策，简知仁宗，其后立朝，风节坚劲，争论新法，积忤大臣，故当时怒影移木⑩，并贤良之科而罢。然而本朝贤良，知道盖亦可数。如富弼，如张方平，如苏轼、辙，是真贤也，是真良也。奸邪之夏竦，倾险之李清臣，谓之贤良可乎？读人所不知之书，何如知人所共由之道？为世所不能之文，曷若为世所可用之才？千门万户之书，何补于晋之衰？济水帝丘之对，何益于唐之乱？公孙弘之贤良，固不若董仲舒之贤良；牛僧孺之贤良，固不若裴垍之贤良也。贤良今不复试矣，贤良之才，臣不敢诬天下以无人也，但所以取之者，当以其道耳。臣谨按《春秋左氏传》："楚左史倚相，能读《三坟》《五典》《八索》《九丘》，而《祈招》之诗，则不能知，以救楚围之汰。"是知记问之浩博，适足以为玩物丧志也。贤良之策亦始于汉朝，观其策晁、董、公孙之徒，无非问之以谋国之大方，为政之大略，初未尝以隐僻难知之事而策之也。臣记杨万里上书孝宗皇帝，有曰："孟子之时，去周末远也，而诸侯去周之籍，孟子已不闻其详。孟献子去孟子尤近也，而有友五人，孟子已忘其三，则记诵非孟子之所能也。乃若孟子，则有所能矣。孟子曰：'天之欲平治天下，当今之世，舍我其谁？'此孟子之所能也。今贤良之科，不求孟子之所能，而乃求孟子之所不能。"万里此言，则上所以策贤良之道也。程颐亦有言曰："汉策贤良，犹是人举之，如公孙弘犹强起乃就对，至如后世贤良，则自求举耳。若曰廷对欲直言天下事，则尚可；若志富贵，而得志则骄纵，失志则放旷与悲愁而已。"若颐此言，则下所以为贤良之道也。

至若词学之科，其文犹当贯道。文不载道，虽华奚观？文章所以黼黻皇猷，号令所以鼓舞天下，词气萎苶，世道系之，不可不加意也。陛下近者明诏四方，自今三年，省闱别立小词科一试，激昂表厉，陛下可谓得其术矣。但愿陛下力而行之，必有蔚赡之才，出应搜罗之意。谨毋以舍大就小，即易去难，为浮议所摇，方行而复辍也。又既设此科，当寿其脉，倘使真无可取，亦当短中求长，市骨而骏马自来，悦画而真龙必至。苟进取之无阶，则习尚之无益。然臣闻之，异科之才，多负劲气，出而为世用，每不见容。熙宁之罢贤良，盖以苏轼兄弟之故。近时词科之不取士，陛下亦知之乎？亦由前日词臣忤于当国，既已逆其心而拂其意，所以止其身而罢其科。不然，何名存而实废也，惟陛下察之。

臣伏读圣策曰："右科之设，本以示右武而求韬略，非特校虚文而课骑射也。兵兴累年，未闻慷慨以英略著者，其故何欤？"臣有以见陛下慨念时艰，思欲得武略之士以为用也。臣闻以武设科，虽曰右武，以文求武，反不得人。今之武科，臣得而议之矣。贡荐额狭，选举路艰，于是以武为捷径，而求为右科之试。能诵兵法者，罕能兼骑射之习；能使弓马者，罕能兼刀笔之长。于是能文者代课七书，能武者代执鞭弭，是无非欺朝廷也。间有能兼二者之长，亦不过苟一时之试，求其英略，宜尔无闻。今之文科，必有五削，而后改京者；今之武举，不出十年，而可至郡守。既登武级，复试文闱，换侵其官，已在通籍之上矣。此天下之士所以指右科为速化，而竞以趋之也。陛下于此方且求其英略焉，可谓按图而索骏矣。寇准器兼将相，非右科也；韩琦、范仲淹才兼文武，非武举也。此犹文士也。岳飞、韩世忠诸将，亦尝自武举中来乎？臣愿陛下以道淑天下之士，毋使人指武举为速化之地，则英略者出矣。

臣伏读圣策曰："遗逸之召，当取人于岩穴，如艺祖之招王昭素，太宗之召陈抟，真宗之起种放，有光简册矣。今日亦未有可副明扬之旨者，抑又何欤？"臣有以见陛下广罗人才，而取遗逸于科目之外也。臣闻：逸民之举，天下归周；幽人之求，民心附汉。遗逸，固有国之所先也。然而不求闻达而后可谓之遗逸，借此以钓名者，非也；不慕荣贵而后可谓之遗逸，阶此以媒进者，非也。汉有樊英，终于败节；唐有藏用，亦至损名。本朝邵雍、常秩，其初亦无大异，审观其后，然后秩伪而雍真矣。其羹藜饭糗，非不欲膏粱也；衣荷制芰，非不愿文绣也。将有所待也，是作伪也，非真隐也。夫治天下者，进恬退之人，固可以风奔竞之士，然而恬退之伪者进，则奔竞者愈竞矣。恬退之伪，奔竞之真也。种放之出，人犹议之，况又不及放者乎？如王昭素，如陈抟，斯可矣。臣愿陛下以道淑天下之心，毋使人以遗逸为捷仕之径，然后诏内之侍从、台谏，外之监司郡守，举有道之士不事科目者而旌用之，则竞科目、逐利禄者，亦可以少弭矣。

陛下之所以策臣者与臣所以奉天对者，已略尽其概，而陛下于其终复策之曰："夫是八者，上之所以求于下，法意之未尽，可商榷者，固朕所欲闻。若学术才智二者，则下所以应上之求，有关于世道之大。子大夫贲然来思，必不耻于自言，其合而具陈之，毋略。"臣有以见陛下求言之意有加无已，以八者责之己，而以二者责之臣等也。愚臣浅陋，何足以仰承圣问。抑臣之意，则终愿陛下以道淑天下，而不必求之法也。今之法意亦可谓尽矣，而陛下犹以为未尽者，是无乃详于法而略于道乎？今日之患，乃正在于下之求上者，切于上之求下。上之所以求于下者，虽广其路以招延之，亦密其防而检束之，已非求士之意。而下之所以求上者，投牒觅举，肆欺售伪，无所不至，又岂如汉人之自鬻哉！是尤非古意也。若是者既皆不以为耻，又岂特耻于自言而已乎？风俗益薄矣，陛下不以道挽而回之，臣不知其后之所趋，又当何如也！然此选举事也。臣观陛下发策大廷，前乎此时，莫非问以当世之大务，独惟己丑、壬辰，不敢深及时政。此则陛下养明于晦之时，而当路忌言之日也，而今亦若是焉。何哉？甚非臣之所望也。臣欲深而言之，则僭；欲隐而不言，则欺。敢因陛下之所及，而略言之，可乎？圣问之中有"气节"、"言议"之说，臣于今日正不满于是二者，敢以二说为陛下献焉。一曰：立中道以用天下之贤。二曰：奖直言以作天下之气。

何谓"立中道以用天下之贤"？汤之执中也，曰"立贤无方"；武王之建极也，曰"无偏无党"。是故周而不比，和而不同，而后可谓之君子。君子者，未尝有所谓党，而上之人亦不当以党视之。禹、皋叶忠于事舜，而言焉不合，则有吁咈[11]，不苟同也；旦、奭同心于辅周，而事有不可，则或不悦，不诡随也。唐有白居易，不附僧孺，亦不附德裕；本朝有苏轼，不徇熙丰，亦不阿元祐。君子之所自立者如此，若之何而以党视之？小人之欲空人之国者，必惑其君，而指君子以为党。空党锢以危汉，空清流以祸唐，而指元祐臣寮为奸党者，宣靖之时空国而无君子，其祸尤不忍言也。独惟有道之朝，虽倡为朋党之论而不胜。方庆历诸贤之用事也，夏竦等辈，结内侍蓝元震，上疏谓仲淹、修、洙、靖，前日蔡襄谓之四贤，四贤得时，遂引襄以为同列，以国家爵禄为私惠，胶固朋党，以报谢当时歌咏之德。仁宗虽不之信，未几诸贤相继皆去，是仁宗之明如此，而小人亦得以行其动摇之术也。独惟仁皇天意终定，浮云暂蔽，白日即昭，循至嘉祐之时，皆用庆历之彦，而成功致治，竟是当时指为朋党中之人。然则君子之党，何负于人之国哉？何代无贤，固有居今之时，义胆忠肝如庆历诸贤者，而或者以"哗竞"、"朋比"目之。陛下本无是心也，臣意必有倡为是论者矣。夫使真"哗竞"，真"朋比"固可嫉也；第恐以好论国事为"哗竞"，以志同道合为"朋比"耳。夫以好论国事为"哗竞"，则暗默唯阿，辕驹伏马者为是乎？以志同道合为"朋比"，则怀奸相结，根蟠株据者为是乎？此臣之所不能晓也。大概今日之弊，在于用一宰相，则用一般人。一相既去，则凡在其时者，皆指为某相之党而尽去之。非如范仲淹既出，而吴育犹奏行其事者也；非如张浚既罢，而赵鼎犹不变其所用之人者也。去年以庶官而论台谏者有二，前日大臣进拟，其一乃已得衡山之麾，其一则犹萦白驹之谷[12]。得非前日之论台谏者，其台臣已去，故可以擢用；后之论台谏者，其谏臣犹在，故有所妨嫌耶？今之谏臣，心乎体国，则必如彦博之不憾唐介，夷简之不憾仲淹，夫亦何嫌于此？况西蜀之贤，乃其所劾，亦已得郡乎？而乃同罪异罚，一用一舍，臣恐非中道也。中者，非执一之谓也，亦非参用之谓也。元祐调停为祸不细，建中靖国何以为中？陛下至德深仁，矜念远谪。谓除误国殄民之外，并有放令自便之恩，而初议旨执，他皆未及，独惟前日之柄相密党，数人首拜此惠。是得无类于调停以平旧怨者乎？夫其据言路，为宰属之时，陷忠良不知其几，误国殄民，孰有大于此？而首蒙湔灌，臣甚为执事者羞之。臣愿陛下与大臣，自今进退人才，秉执公道；不肖者终身可弃，忠良者一眚不遗；且毋使大夫有西人、东人之讥，毋使天下有蜀党、洛党之说，则人才之气者出矣。臣故曰：立中道以用天下之贤者，此也。

何谓"奖直言以作天下之气"？舜闻一善，若决江河；禹闻昌言，下车以拜。切直之言，明主所欲急闻，而入有法家、拂士，则出无敌国、外患也。汉有汲黯，淮南为之寝谋；唐有温造，悍将为之堕胆。二鲍可以敛贵戚，一勉可以尊朝廷，直言之有功于人国者如此，上之人安可以轻视之。古之危邦，未尝不钳谏者之口，以自涂其耳目。贺琛之言，未为切直，梁武帝罪之，他日侯景之祸竟无与言；张九龄之谏，可谓忠鲠，唐明皇黜之，他日禄山之变，曾不知觉。泛观史传，如此甚多，不可枚数也。独惟盛时则不若是。仁祖朝士气最盛，直言最多，攻夏竦之枢密，十八疏上，而竟行其言；攻陈执中之宰相，十九疏上，而竟可其奏。叩铜环之呼，事关宫禁也，仁祖虽以是黜仲淹，竟以是擢仲淹；灯笼锦之诋，事关廊庙也，仁祖虽以是谪唐介，亦以是召唐介。仁祖之容养直言者如是。陛下端平初政，天日昭苏，积郁顿舒，久蛰成奋。谏官论事，御史斥奸，侍从有论思之忠，百官有轮对之直，以至草茅投匦，学校上书，华国直言，何减庆历当时。天下延颈太平，徒以一鉴早亡，诸贤失助，相踵而去，渐已销声。淳祐初年，柄相当国，纯用私党，布满朝端。示缙绅以意，而使之不敢言；扼学校之吭，而使之不敢议。于是直气日销矣。今虽更化，神观未收，嗫无能言，萎痒滋甚。泛观士大夫之奏疏，无复我先正之绪余。凡而封事之文，类如举子之策，平平论事，小小立言，惟恐伤时，姑以塞责。臣谓直言之不振，原于直气之久销。陛下责诸臣以先正能言之风，当责圣躬以祖宗受言之事。陛下圣度天广，靡直不容，然而直臣去朝，竟未有如范仲淹、唐介再蒙显用者，得非陛下虽能容其批鳞之直，而终不能无逆耳之厌乎？台谏许以风闻，祖宗自有典故。陛下迩者宸翰乃责其廉访之不真，如必待其真而后言，臣恐自此无言者矣。况其一台臣已去职，其一则犹未至国也，而并罢之，可乎？其逊避再三，久而后就，而臣意其人必有可言，而恐不见听者。陛下曾不待其一言而去，其为结言者之舌，不亦甚乎？前日台臣之罢，或如圣训之言，然而外议纷纷，则不谓是。咸曰：台臣之仆隶，怒于近幸之貂珰，浸润密行，由此遂去。臣知此事万万无之，第惟台臣未去之先，偶有仆隶交斗之事，是以外议不能无疑。心固不然，迹则相似。万一因循不革，遂长此风，则汉之常侍必横于司隶，唐之中尉必横于南衙矣。陛下固不纵其至此，然亦不可不防其微，杜其渐也。苏轼有言曰："奸邪之始，以台谏折之而有余；及其既成，以干戈取之而不足。"又曰："弹劾积威之后，虽庸人亦可以奋扬；风采委靡之余，虽豪杰不能以振起。"今日之患，深似此言。臣尝终日废餐，中夜不寐，以为方今事势，盖有莫大之隐忧。火未及然，安于薪寝。

所赖朝廷有见远识微之士，必能为陛下陈长虑却顾之谋。而迩日以来，言者畏忌，天下有患，陛下谁与销之。臣愿陛下上法仁祖之盛时，次用端平之初政，广辟言路，旁通下情。言不可从，置之无害；倘或可用，岂小补哉！则人才之言议者出矣。臣故曰：奖直言以作天下之气者，此也。

臣草茅愚生，不识忌讳，忠爱一念，与生俱生。陛下可为忠言，故敢于圣问之外，竭其狂瞽⑬，亦可谓出位犯分矣。大则殛而投之鼎镬，小则退而屏之山林，其甘如饴，九死无悔。虽然，陛下必不然也。陛下自即位以来，未尝以直言罪士，岂以臣一蝼蚁，而累陛下天地之仁哉！第惟臣言，历议弊端，旁忤贵幸，将恐第刘贲之策者，虽嘉其忠，而不敢进之陛下之前耳。然而臣自幼以来，所学者道，事君之始，安敢不忠？且谀悦以取高科，非臣本志。苟有一语可裨时政，虽黜不恨也。臣固万不及刘贲，而堂堂天朝，岂唐比哉！臣可以无忍矣。惟陛下矜其愚忠而幸听之，臣不胜惓惓。臣谨对。

注释

①比喻贤才众多。　②科举时代，地方官设宴招待应举之士，谓之宾兴。后又称乡试为宾兴。　③科举考试科目的名称。　④指六德、六行、六艺，即教民之三事。《周礼·地官·大司徒》："以乡三物教万民，而宾兴之。一曰六德：知、仁、圣、义、忠、和。二曰六行：孝、友、睦、姻、任、恤。三曰六艺：礼、乐、射、御、书、数。"　⑤指佛教和道教。　⑥此指城市商业区。阛，市区的墙。阓，市区的门。　⑦带兵的将帅。　⑧考试交白卷。　⑨即"锥刀之末"，比喻微小的利益。　⑩因先入为主的情绪，将中性事实扭曲为符合自己预设的"证据"。　⑪叹气声。表示不同意，也表示不以为然。　⑫指贤人没有得到任用。　⑬狂，悖理。瞽，不明。此处为自谦之词。

赏析

对策以"道统"为枢，熔程朱理学与永嘉事功于一炉。全文以"淑天下以道"为纲,痛陈科举异化之弊,力倡教育回归性命之学。其论既斥词章空疏,又驳功利浮躁,提出"严考校、公复试"等改革举措,彰显务实精神。文中直指士林"气节不立,言议无实"的痼疾,呼吁重建"明道爱人"的士人风骨。尤值称道者,在宋末颓势中仍坚守"立中道以用贤,奖直言以振气"的政治理想,援引范仲淹、苏轼等典范,针砭党争之祸,谏言广开言路。全篇贯穿着"道器合一"的哲学思辨,既有"太极流行"的形上追问,又具"市骨求骏"的实操智慧,将儒家内圣外王之道发挥至深,堪称宋代理学殿军之绝响。

宝祐四年（1256）丙辰科

状元：文天祥

策 问

　　盖闻道之大原出于天，超乎无极太极之妙，而实不离乎日用事物之常；根乎阴阳五行之赜，而实不外乎仁义礼智刚柔善恶之际。天以澄著，地以靖谧，人极以昭明，何莫由斯道也？圣圣相传，同此一道。由修身而治人，由致知而齐家、治国、平天下。本之精神心术，达之礼乐刑政。其体甚微，其用则广，历千万世而不可易。然功化有浅深，证效有迟速者，何欤？朕以寡昧临政，愿治于兹。历年志愈勤，道愈远，睿①乎其未朕也。朕心疑焉。子大夫明先圣之术，咸造在廷，必有切至之论，朕将虚己以听。

　　《三坟》而上，大道难名；《五典》以来，常道始著。日月星辰顺乎上，鸟兽草木若于下。"九功惟叙，四夷来王，百工熙哉，庶事康哉。"非圣神功化之验欤？然人心道心，寂寥片语，其危微精一之妙不可以言既欤？誓何为而畔？会何为而疑？俗何以不若结绳？治何以不若画像？以政凝民，以礼凝士，以《天保》《采薇》治内外，忧勤危惧，仅克有济。何帝王劳逸之殊欤？抑随时损益，道不同欤？及夫六典建官，盖为民极则，不过曰治、曰教、曰礼、曰政、曰刑、曰事而已。岂道之外又有法欤？

　　自时厥后，以理欲之消长验世道污隆。阴浊之日常多，阳明之日常少，刑名杂霸，佛老异端，无一毫几乎道，驳乎无以议为。然务德化者，不能无上郡、雁门之警；施仁义者，不能无末年轮台之悔。甚而无积仁累德之素，纪纲制度，为足维持凭借者，又何欤？

朕上嘉下乐，夙兴夜寐，靡遑康宁。道久而未洽，化久而未成。天变洊臻②，民生寡遂，人才乏而士习浮，国计殚而兵力弱，符泽未清，边备孔棘。岂道不足以御世欤？抑化裁推行有未至欤？夫不息则久，久则征。今胡为而未征欤？变则通，通则久。今其可以屡更欤？子大夫熟之复之，勿激勿泛，以副朕详延之意。

对　策

臣对：恭惟皇帝陛下，处常之久，当泰之交，以二帝三皇之道会诸心，将三纪于此矣。臣等鼓舞于鸢飞鱼跃之天，皆道体流行中之一物。不自意得旅进于陛下之庭，而陛下且嘉之论道。道之不行也久矣！陛下之言及此，天地神人之福也。然臣所未解者，今日已当道久化成之时，道洽政治之候，而方歉焉有志勤道远之疑，岂望道而未之见耶？臣请溯太极动静之根，推圣神功化之验，就以圣问中不息一语为陛下勉，幸陛下试垂听焉。

臣闻天地与道同一不息，圣人之心与天地同一不息。上下四方之宇，往古来今之宙，其间百千万变之消息盈虚，百千万事之转移阖辟，何莫非道？所谓道者，一不息而已矣。道之隐于浑沦，藏于未雕未琢之天。当是时，无极太极之体也。自太极分而阴阳，则阴阳不息，道亦不息；阴阳散而五行，则五行不息，道不息。自五行又散而为人心之仁义礼智，刚柔善恶，则乾道成男，坤道成女，穹壤间生生化化之不息，而道亦与之相为不息。然则道一不息，天地亦一不息；天地之不息，固道之不息者为之。圣人出而为天地立心，为生民立命，为往圣继绝学，为万世开太平，亦不过以一不息之心充之。充之而修身治人，此一不息也；充之而致知，以至齐家、治国、平天下，此一不息也；充之而自精神心术，以至于礼乐刑政，亦此一不息也。自有《三坟》《五典》以来，以至于太平、六典之世，帝之所以帝，王之所以王，皆自其一念之不息者始。秦汉以降,而道始离。非道之离也,知道者之鲜也。虽然,其间英君谊辟,固有号为稍稍知道矣,而又沮于行道之不力。知务德化矣,而不能不尼之以黄老;知施仁义矣,而不能不遏之以多欲;知四年行仁矣,而不能不画之以近效。上下二三千年间,牵补过时,架漏度日,毋怪夫驳乎无以议为也。独惟我朝式克至于今日休。陛下传列圣之心,以会艺祖之心;会艺祖之心,以恭帝王之心,参天地之心。三十三年间,臣知陛下不贰以二,不叁以三,茫乎天运,宕尔神化。此心之天,混兮辟兮,其无穷也。然临御浸久,持循浸熟,而算计见效,犹未有以大快圣心者。上而天变不能以尽无,下而民生不能以尽遂,人才士习之未甚纯,国计兵力之未甚充,以至盗贼兵戈之警。所以贻宵旰之忧者,尤所不免。然则行道者始无验也邪?臣则以为道非无验之物也。道之功化甚深也,而不可以为迁;道之证效甚迟也,而不可以为远。"维天之命,于穆不已",天地之所以为天地也。"之德之纯""纯亦不已",圣人之所以为圣人也。为治顾力行何如耳,焉有行道于岁月之暂,而遽责其验之为迁且远邪?臣之所望于陛下者,法天地之不息而已。姑以近事言,则责躬之言方发而阴雨旋霁,是天变未尝不以道而弭也;赈饥之典方举而都民欢呼,是民生未尝不以道而安也。论辩建明之诏一颁而人才士习稍稍浑厚,招填条具之旨一下而国计兵力稍稍充实,安吉、庆元之小获,维扬、泸水之隽功,无非忧勤于道之明验也。然以道之极功论之,则此浅效耳,速效耳。指浅效、速效而遽以为道之极功,则汉唐诸君之用心是也。陛下行帝而帝,行王而王,而肯袭汉唐事邪?此臣所以赞陛下之不息也。陛下倘自其不息者而充之,则与阴阳同其化,与五行同其运,与乾坤生生化化之理同其无穷。虽充而为三纪之风移俗易可也,虽充而为四十年圄空③刑措可也,虽充而为百年德洽于天下可也,虽充而为卜世过历亿万年敬天之休可也。岂止如圣问八者之事,可徐就理而已哉?臣谨昧死上愚对。

臣伏读圣策曰:"盖闻道之大原出于天,超乎无极太极之妙,而实不离乎日用事物之常;根乎阴阳五行之赜,而实不外仁义礼智刚柔善恶之际。天以澄著,地以靖谧,人极以昭明,何莫由斯道也?圣圣相传,同此一道。由修身而治人,由致知而齐家、治国、平天下。本之于精神心术,达之于礼乐刑政。

其体甚微，其用则广，历千万世而不可易。然功化有浅深、证效有迟速，何欤？朕以寡昧临政，愿治于兹。历年志愈勤，道愈远，宵有乎其未眹也。朕心疑焉。子大夫明先王之术，咸造在庭，必有切至之论，朕将虚己以听。"臣有以见陛下溯道之本原，求道之功效，且疑而质之臣等也。臣闻圣人之心，天地之心也；天地之道，圣人之道也。分而言之，则道自道，天地自天地，圣人自圣人；合而言之，则道一不息也，天地一不息也，圣人亦一不息也。臣请溯其本原言之。

茫茫堪舆，块圠无垠；浑浑元气，变化无端。人心仁义礼智之性未赋也，人心刚柔善恶之气未禀也。当是时，未有人心，先有五行；未有五行，先有阴阳；未有阴阳，先有无极太极；未有无极太极，则太虚无形，冲漠无眹，而先有此道。未有物之先而道具焉，道之体也；既有物之后而道行焉，道之用也。其体则微，其用甚广。即人心，而道在人心；即五行，而道在五行；即阴阳，而道在阴阳；即无极、太极，而道在无极、太极。贯显微，兼费隐，包小大，通物我。道何以若此哉？道之在天下，犹水之在地中。地中无往而非水，天下无往而非道。水一不息之流也，道一不息之用也。天以澄著，则日月星辰循其经；地以靖谧，则山川草木顺其常；人极以昭明，则君臣父子安其伦。流行古今，纲纪造化，何莫由斯道也？一日而道息焉，虽三才不能以自立。道之不息，功用固如此。夫圣人体天地之不息者也。天地以此道而不息，圣人亦以此道而不息。圣人立不息之体，则敛于修身。推不息之用，则敢于治人。立不息之体，则寓于致知以下之工夫；推不息之用，则显于齐家、治国、平天下之效验。立不息之体，则本之精神心术之微；推不息之用，则达之礼乐刑政之著。圣人之所以为圣人者，犹天地之所以为天地也。道之在天地间者，常久而不息；圣人之于道，其可以顷刻息邪？言不息之理者，莫大《易》，莫如《中庸》。大《易》之道，至于"乾道变化，各正性命，保合太和"，而圣人之论法天，乃归之自强不息。《中庸》之道，至于"溥博渊泉""上天之载，无声无臭"，而圣人之论配天地，乃归之不息则久。岂非乾之所以刚健中正、纯粹精一也者？一不息之道耳。是以法天者亦以一不息。《中庸》之所以高明博厚、悠久无疆者，一不息之道耳。是以配天地者，亦以一不息。以不息之心，行不息之道，圣人即不息之天地也。

陛下临政愿治，于兹历年。前此不息之岁月，犹日之自朝而午；今此不息之岁月，犹日之至午而中。此正勉强行道，大有功之日也。陛下勿谓数十年间我之所以担当宇宙，把握天地，未尝不以此道，至于今日而道之验如此，其迂且远矣。以臣观之，道犹百里之途也，今日则适六七十之候也。进于道者，不可以中道而废；游于途者，不可以中途而尽，孜孜矻矻，而不自已焉。则适六七十里者，固所以为至百里之阶也。不然自止于六七十里之间，则百里虽近焉，焉能以一武④到哉？道无浅功化，行道者何可以深为迂？道无速证效，行道者何可以迟为远？惟不息则能极道之功化，惟不息则能极道之证效。气机动荡于三极之间，神采灌注于万有之表，要自陛下此一心始。臣不暇远举，请以仁宗皇帝事为陛下陈之。仁祖一不息之天地也，康定之诏曰祗勤抑畏，庆历之诏曰不敢荒宁，皇祐之诏曰缅念为君之难，深惟履位之重。庆历不息之心，即康定不息之心也；皇祐不息之心，即庆历不息之心也。当时仁祖以道德感天心，以福禄胜人力，国家绥靖，边鄙宁谧，若可以已矣而犹未也。至和元年，仁祖之三十三年也，方且露立仰天，以畏天变，碎通天犀，以救民生。处贾黯吏铨之职，擢公弼殿柱之名，以厚人才，以昌士习；纳景初减用之言，听范镇新兵之谏，以裕国计，以强兵力；以至讲周礼，薄征缓刑而拳拳，以盗贼为忧；选将帅明纪律而汲汲，以西戎北虏为虑。仁祖之心至此而不息，则与天地同其悠久矣。陛下之心，仁祖之心也。范祖禹有言："欲法尧舜，惟法仁祖。"臣亦曰："欲法帝王，惟法仁祖。"法仁祖则可至天德，愿加圣心焉。

臣伏读圣策曰《三坟》以上云云，岂道之外，又有法欤？臣有以见陛下慕帝王之功化证效，而亦意其各有浅深迟速也。臣闻帝王行道之心，一不息而已矣。尧之兢兢，舜之业业，禹之孜孜，汤之栗栗，文王之不已，武王之无贰，成王之无逸，皆是物也。《三坟》远矣，《五典》犹有可论者。臣尝以《五典》所载之事推之，当是时，日月星辰之顺，以道而顺也；鸟兽草木之若，以道而若也；九功惟叙，以道而叙也；四夷来王，以道而来王也。百工以道而熙，庶事以道而康。光天之下，至于海隅苍生，盖无一而不拜帝道之赐矣。垂衣拱手，以自逸于土阶岩廊之上。夫谁曰不可，而尧舜不然也。方且考绩之法重于三岁，无岁而敢息也。授历之命严于四时，无月而敢息也。凛凛乎一日二日之戒，无日而敢息也。此犹可也。授受之际，而尧之命舜乃曰："允执厥中。"夫谓之执者，战兢保持而不敢少放之谓也。味斯语也，则尧之不息可见矣。河图出矣，洛书见矣，执中之说未闻也，而尧独言之，尧之言赘矣。而舜之命禹乃复益之以"人心惟危，道心惟微，惟精惟一"之三言。夫致察于危微精一之间，则其战兢保持之念，又有甚于尧者。舜之心其不息又何如哉？是以尧之道化，不惟验于七十年在位之日；舜之道化，不惟验于五十年视皋之时。读万世永赖之语，则唐虞而下数千百年间，天得以为天，地得以为地，人得以为人者，皆尧舜之赐也。然则功化抑何其深，证效抑何其迟欤？降是而王，非同劳于帝者也。太朴日散，风气日开，人心之机械日益巧，世变之乘除不息，而圣人之所以纲维世变者，亦与之相为不息焉。俗非结绳之淳也，治非画象之古也，师不得不誓，侯不得不会，民不得不凝之以政，士不得不凝之以礼，内外异治，不得不以采薇天保之治治之。以至六典建官，其所以曰治、曰政、曰礼、曰教、曰刑、曰事者，亦无非扶世道而不使之穷耳。以势而论之，则夏之治不如唐虞，商之治又不如夏，周之治又不如商。帝之所以帝者，何其逸？王之所以王者，何其劳？栗栗危惧，不如非心黄屋⑤者之为适也；始于忧勤，不如恭己南面之为安也。然以心而观，则舜之业业，即尧之兢兢；禹之孜孜，即尧之业业；汤之栗栗，即禹之孜孜。文王之不已，武王之无贰，成王之无逸，何莫非兢兢、业业、孜孜、栗栗之推也？道之散于宇宙间者无一日息，帝王之所以行道者，亦无一日息。帝王之心，天地之心也。尚可以帝者之为逸，而王者之为劳耶？臣愿陛下求帝王之道，必求帝王之心，则今日之功化证效，或可与帝王一视矣。

臣伏读圣策曰：自时厥后云云，亦足以维持凭借者，何欤？臣有以见陛下陋汉唐之功化证效，而且为汉唐世道发一慨也。臣闻不息则天，息则人；不息则理，息则欲；不息则阳明，息则阴浊。汉唐诸君天资敏，地位高，使稍有进道之心，则六五帝，四三王，亦未有难能者。奈何天不足以制人，而天反为人所制；理之不足以御欲，而理反为欲所御；阳明不足以胜阴浊，而阳明反为阴浊所胜。是以勇于进道者少，沮于求道者多，汉唐之所以不唐虞三代也欤？虽然，是为不知道者儒尝论汉唐言也，其间亦有号为知道者矣。汉之文帝、武帝，唐之太宗，亦不可谓非知道者。然而亦有议焉。先诸君以公私义利、分数多少为治乱，三君之心往往不纯乎天，不纯乎人，而出入于天人之间；不纯乎理，不纯乎欲，而出入乎理欲之间；不纯乎阳明，不纯乎阴浊，而出入乎阳明阴浊之间。是以专务德化，虽足以陶后元泰和之风，然而尼之以黄老，则雁门、上郡之警不能无；外施仁义，虽足以致建元富庶之盛，然而遏之以多欲，则轮台末年之悔不能免；四年行仁，虽足以开贞观升平之治，然而画之以近效，则纪纲制度曾不足为再世之凭借。益有一分之道心者，固足以就一分之事功；有一分之人心者，亦足以召一分之事变。世道污隆之分数，亦系于理欲消长之分数而已。然臣尝思之，汉唐以来为道之累者，其大有二：一曰杂伯，二曰异端。时君世主有志于求道者，不陷于此，则陷于彼。姑就三君而言，则文帝之心，异端累之也。武帝、太宗之心，杂伯累之也。武帝无得于道，宪章六经统一，圣真不足以胜其神仙、土木之私，干戈、刑罚之惨，其心也荒。太宗全不知道，闺门之耻，将相之夸，末年辽东一行，终不能以克其血气之暴，其心也骄。杂伯一念，憧憧往来，是固不足以语常久不息之事者。若文帝稍有帝王之天资，稍有帝王之地步，一以君子长者之道待天下，而晁错辈刑名之说未尝一动其心，是不累于杂伯矣。使其以二三十年恭俭之心而移之以求道，则后元气象且将骎骎乎商周，进进乎唐虞。奈何帝之纯心，又间于黄老之清净，是以文帝仅得为汉唐之令主，而不得一侪于帝王。呜呼！武帝、太宗累于杂伯，君子固不敢以帝王事望之；文帝不为杂伯所累，而不能不累于异端，是则重可惜已。臣愿陛下监汉唐之迹，必监汉唐之心，则今日之功化证效将超汉唐数等矣。

臣伏读圣策曰：朕上嘉下乐云云，抑化裁推行有未至欤？臣有以见陛下念今日八者之务，而甚有望乎为道之验也。臣闻天变之来，民怨招之也；人才之乏，士习蛊之也；兵力之弱，国计屈之也。虏寇之警，盗贼因之也。夫陛下以上嘉下乐之勤，夙兴夜寐之劳，怅岁月之逾迈，亦欲以少见吾道之验耳。俯视一世，未能差强人意。八者之弊，臣知陛下为此不满也。陛下分而以八事问，臣合而以四事对，请得以熟数之于前。

何谓天变之来，民怨招之也？天视自我民视，天听自我民听，天明畏自我民明畏。人心之休戚，天心所因以为喜怒者也。熙宁间大旱，是时河陕流民入京师。监门郑侠画流民图以献，且曰："陛下南征北伐，皆以胜捷之图来上，料无一人以父母妻子迁移困顿，皇皇不给之状为图以进者。览臣之图，行臣之言，十日不雨，乞正欺君之罪。"上为之罢新法十八事，京师大雨八日。天人之交，间不容发，载在经史，此类甚多。陛下以为今日之民生何如邪？今之民生困矣！自琼林大盈积于私贮而民困，自建章通天频于营缮而民困，自献助迭见于豪家巨室而民困，自和籴不间于闾阎下户而民困，自所至贪官暴吏视吾民如家鸡圈豕，惟所咀啖而民困。呜呼！东南民力竭矣。《书》曰："怨岂在明，不见是图。"今尚可谓之不见乎？《书》曰："怨不在大，亦不在小。"今尚可谓之小乎？生斯世为斯民，仰事俯育，亦欲各遂其父母妻子之乐。而操斧斤，淬锋锷，日夜思所以斩伐其命脉者，滔滔皆是。然则腊雪靳瑞，蛰雷愆期，月犯于木，星殒为石，以至土雨、地震之变，无怪夫屡书不一尽也。臣愿陛下持不息之心，急求所以为安民之道，则民生既和，天变或于是而弭矣。

何谓人才之乏，士习蛊之也？臣闻穷之所养，达之所施；幼之所学，壮之所行。今日之修于家，他日之行于天子之庭者也。国初诸老尝以厚士习为先务。宁收落韵之李迪，不取凿说之贾边；宁收直言之苏辙，不取险怪之刘几。建学校则必欲崇经术，复乡举则必欲参行艺。其后国子监取湖学法，建经学、治道、边防、水利等斋，使学者因其名以求其实。当时如程颐、徐积、吕希哲，皆出其中。呜呼！此元祐人物之所从出也。士习厚薄最关人才，从古以来其语如此。陛下以为今之士习何如邪？今之士大夫之家，有子而教之。方其幼也，则授其句读，择其不戾于时好、不震于有司者，俾熟复焉。及其长也，细书为工，累牍为富，持试于乡校者，以是较艺于科举者，以是取青紫而得车马也。以是父兄之所教，诏师友之所讲明，利而已矣。其能卓然自拔于流俗者，几何人哉？心术既坏于未仕之前，则气节可想于既仕之后。以之领郡邑，如之何责其为卓茂、黄霸？以之镇一路，如之何责其为苏章、何武？以之曳朝绅，如之何责其为汲黯、望之？奔竞于势要之路者无怪也，趋附于权贵之门者无怪也。牛维马絷，狗苟蝇营，患得患失，无所不至者无怪也。悠悠风尘，靡靡偷俗，清芬消歇，浊滓横流。惟皇降衷秉彝之懿，萌蘗⑥于牛羊斧斤相寻之冲者，其有几哉？厚今之人才，臣以为变今之士习而后可也。臣愿陛下持不息之心，急求所以为淑士之道，则士风一淳，人才或于是而可得矣。

何谓兵力之弱，国计屈之也？谨按国史：治平间遣使募京畿淮南兵，司马光言："边臣之请兵无穷，朝廷之募兵无已，仓库之粟帛有限，百姓之膏血有涯。愿罢招禁军，训练旧有之兵，自可备御。"臣闻古今天下能免于弱者，必不能免于贫；免于贫者，必不能免于弱。一利之兴，一害之伏，未有交受其害者。今之兵财则交受其害矣。自东海城筑，而调淮兵以防海，则两淮之兵不足。自襄樊复归，而并荆兵以城襄，则荆湖之兵不足。自腥气染于汉水，冤血溅于宝峰，而正军忠义空于死徙者过半，则川蜀之兵又不足。江淮之兵又抽而入蜀，又抽而实荆，则下流之兵愈不足矣。荆湖之兵又分而策应，分而镇抚，则上流之兵愈不足矣。夫国之所恃以自卫者，兵也。而今之兵不足如此，国安得而不弱哉？扶其弱而归之强，则招兵之策，今日直有所不得已者。然召募方新，调度转急。问之大农，大农无财；问之版曹，版曹无财；问之饷司，饷司无财。自岁币银绢外，未闻有画一策为军食计者。是则弱矣，而又未免于贫也。陛下自肝鬲，近又创一安边太平库，专以供军。此艺祖积缣帛以易贼首之心也，仁宗皇帝出钱帛以助兵革之心也。转易之间，风采立异，前日之弱者可强矣。然飞刍挽粟，给饷馈粮，费于兵者几何？而琳宫梵宇，照耀湖山，土木之费，则漏卮也。列灶云屯，樵苏后爨，费于兵者几何？而霓裳羽衣，靡金饰翠，宫庭之费则尾闾也。生熟口券，月给衣粮，费于兵者几何？而量珠辇玉，幸宠希恩，戚畹之费，则滥觞也。盖天下之财专以供军，则财未有不足者。第重之以浮费，重之以冗费，则财始瓶罄而罍耻矣。如此则虽欲足兵，其何以给兵耶？臣愿陛下持不息之心，急求所以为节财之道，则财计一充，兵力或于是而可强矣。

何谓虏寇之警，盗贼因之也？谨按国史：绍兴间杨么寇洞庭，连跨数郡，大将王瓔不能制。时伪齐挟虏，使李成寇襄汉，么与交通。朝廷患之，始命岳飞措置上流。已而逐李成，擒杨么，而荆湖平。臣闻外之虏寇不能为中国患，而其来也，必待内之变；内之盗贼亦不能为中国患，而其起也，必将纳外之侮。盗贼而至于通寇，则腹心之大患也已。今之所谓虏者，固可畏矣。然而逼我蜀，则蜀帅策泸水之勋；窥我淮，则淮帅奏维扬之凯。狼子野心，固不可以一捷止之。然使之无得弃去，则中国之技未为尽其出下，彼亦犹畏中国之有其人也。独惟旧海在天一隅，逆雏穴之者数年于兹。飔风瞬息，一苇可航，彼未必不朝夕为趋浙计，然而未能焉。短于舟，疏于水，惧吾唐岛之有李宝在耳。然洞庭之湖，烟水沉寂，而浙右之湖，涛澜沸惊，区区妖孽，且谓有杨么之渐矣。得之京师之耆老，皆以为此寇出没倏闪，往来翕霍，驾舟如飞，运楫如神，而我之舟师不及焉。夫东南之长技莫如舟师，我之胜兀术于金山者以此，我之毙逆亮于采石者以此。而今此曹反挟之以制我，不武甚矣。万一或出于杨么之计，则前日李成之不得志于荆者，未必今日之不得志于浙也。曩闻山东荐饥，有司贪市榷之利，空苏湖根本以资之，廷绅犹谓互易。安知无为其向导者？一夫登岸，万事瓦裂。又闻魏村、江湾、福山三寨水军，兴贩盐课，以资逆雏，廷绅犹谓是。以捍卫之师为商贾之事，以防拓之卒开向导之门，忧时识治之见往往如此。肘腋之蜂虿，怀袖之蛇蝎，是其可以忽乎哉？陛下近者命发运兼宪，合兵财而一其权，是将为灭此朝食之图矣。然屯海道者非无军，控海道者非无将，徒有王躞数年之劳，未闻岳飞八日之捷。子太叔平符泽之盗，恐不如此。长此不已，臣惧为李成开道地也。臣愿陛下将不息之心，求所以弭寇之道，则寇难一清，边备或于是而可宽矣。

臣伏读圣策曰：夫不息则久，久则征，今胡为而未征欤？变则通，通则久，今其可以屡更欤？臣有以见陛下久于其道，而甚有感乎《中庸》、大《易》之格言也。臣闻天久而不坠也以运，地久而不颓也以转，水久而不腐也以流，日月星辰而常新也以行。天下之凡不息者皆以久也。《中庸》之不息即所以为大《易》之变通，大《易》之变通即所以验《中庸》之不息。变通者之久，固肇于不息者之久也。盖不息者其心，变通者其迹；其心不息，故其迹亦不息。游乎六合之内，而纵论乎六合之外；生乎百世之下，而追想乎百世之上。神化天造，天运无端，发微不可见，充周不可穷，天地之所以变通，固自其不息者为之。圣人之久于其道，亦法天地而已矣。天地以不息而久，圣人亦以不息而久。外不息而言久焉，皆非所以久也。臣尝读《无逸》一书，见其享国之久者有四君焉，而其间有三君为最久。臣求其所以久者，中宗之心，严恭寅畏也；高宗之心，不敢荒宁也；文王之心，无淫于逸，无游于畋也。是三君者，皆无逸而已矣。彼之无逸，臣之所谓不息也。一无逸而其效如此，然则不息者，非所以久欤？陛下之行道，盖非一朝夕之暂矣。宝绍以来则涵养此道，端平以来则发挥此道，嘉熙以来则把握此道。嘉熙而淳祐，淳祐而宝祐，十余年间无非持循此道之岁月。陛下处此也，庭燎未辉，臣知其宵衣以待；日中至昃，臣知其玉食弗遑；夜漏已下，臣知其丙枕无寐。圣人之运亦可谓不息矣。然既往之不息者易，方来之不息者难；久而不息者易，愈久而愈不息者难。昕临大庭，百辟星布，陛下之心此时周不息矣。暗室屋漏之隐，试一警省则亦能不息否乎？日御经筵，学士云集，陛下之心此时固不息矣。宦官女子之近，试一循察则亦能不息否乎？不息于外者，固不能保其不息于内；不息于此者，固不能保其不息于彼。乍勤乍怠，乍作乍辍，则不息之纯心间矣。如此，则陛下虽欲久则征，臣知《中庸》九经之治未可以朝夕见也。虽欲通则久，臣知《系辞》十三卦之功未可以岁月计也。蝤蛑蠼蠼之中，虚明应物之地，此全在陛下自斟酌自执持。顷刻之力不继，则悠久之功俱废矣。可不戒哉，可不惧哉！

　　陛下之所以策臣者悉矣。臣之所以忠于陛下者，亦即略陈于前矣。而陛下策之篇终复曰："子大夫熟之复之，勿激勿泛，以副朕详延之意。"臣伏读圣策至此，陛下所谓详延之意盖可识矣。夫陛下自即位以来，未尝以直言罪士。不惟不罪之以直言，而且导之以直言。臣等尝恨无由一至天子之庭，以吐其素所蓄积。幸见录于有司，得以借玉阶方寸地，此正臣等披露肺肝之日也。方将明目张胆，謇謇谔谔，言天下事。陛下乃戒之以勿激勿泛。夫泛，固不切矣。若夫激者，忠之所发也。陛下胡并与激者之言而厌之邪？厌激者之言，则是将胥臣等而为容容唯唯之归邪？然则臣将为激者欤？将为泛者欤？抑将迁就陛下之说而姑为不激不泛者欤？虽然，奉对大庭而不激不泛者，固有之矣。臣于汉得一人焉，曰董仲舒。方武帝之策仲舒也，慨然以欲闻大道之要为问。帝之求道，其心盖甚锐矣。然道以大言，帝将求之虚无渺冥之乡也。使仲舒于此过言之则激，浅言之则泛。仲舒不激不泛，得一说曰"正心"。武帝方将求之虚无渺冥之乡，仲舒乃告之以真实浅近之理，兹陛下所谓切至之论也。奈何武帝自恃其区区英明之资，超伟之识，谓其自足以凌跨⑦六合，笼驾八表，而顾于此语忽焉。仲舒以江都去而武帝所与论道者，他有人矣。臣固尝为武帝惜也。堂堂天朝固非汉比，而臣之贤亦万不及仲舒，然亦不敢激，不敢泛，切于圣问之所谓道者，而得二说焉，以为陛下献，陛下试采览焉。

一曰：重宰相以开公道之门。臣闻公道在天地间，不可一日壅阏。所以昭苏而涤决之者，宰相责也。然扶公道者，宰相之责，而主公道者，天子之事。天子而侵宰相之权，则公道已矣。三省枢密谓之朝廷，天子所与谋大政、出大令之地也。政令不出于中书，昔人谓之"斜封墨敕"，非盛世事。国初三省纪纲甚正，中书造命，门下审覆，尚书奉行，宫府之事无一不统于宰相。是以李沆犹以得焚立妃之诏，王旦犹得以沮节度之除，韩琦犹得出空头敕以逐内侍，杜衍犹得封还内降以裁侥幸。盖宰相之权尊，则公道始有所依而立也。今陛下之所以为公道者，非不悉矣。以夤缘戒外戚，是以公道责外戚也；以裁制戒内司，是以公道责内司也；以舍法用例戒群臣，是以公道责外庭也。雷霆发蔀，星日烛幽，天下于此咸服陛下之明。然或谓比年以来大庭除授，于义有所未安，于法有所未便者，悉以圣旨行之。不惟诸司升补，上渎宸奎，而统帅躐级⑧，阁职超迁，亦以夤缘而得恩泽矣。不惟奸赃湔洗，上劳涣汗，而选人通籍，奸胥逭刑，以钻刺而拜宠命矣。甚至闾阎琐屑之斗讼，皂隶猥贱之干求，悉达内庭，尽由中降。此何等虮虱事，而陛下以身亲之。大臣几于为奉承风旨之官，三省几于为奉行文书之府。臣恐天下公道自此壅矣。景祐间罢内降，凡诏令皆由中书枢密院，仁祖之所以主张公道者如此。今进言者犹以事当间出宸断为说。呜呼！此亦韩绛告仁祖之辞也。"朕固不惮，自有处分，不如先尽大臣之虑而行之。"仁祖之所以谕绛者，何说也？奈何复以绛之说，启人主以夺中书之权，是何心哉？宣、靖间创御笔之令，蔡京坐东廊专以奉行御笔为职。其后童贯、梁师成用事，而天地为之分裂者数世，是可鉴矣。臣愿陛下重宰相之权，正中书之体，凡内批必经由中书，枢密院，如先朝故事，则天下幸甚，宗社幸甚！

二曰：收君子以寿直道之脉。臣闻直道在天地间，不可一日颓靡，所以光明而张主之者，君子责也。然扶直道者，君子之责；而主直道者，人君之事。人君而至于沮君子之气，则直道已矣。夫不直，则道不见。君子者，直道之倡也。直道一倡于君子，昔人谓之凤鸣朝阳，以为清朝贺。国朝君子，气节大振。有鱼头参政，有鹘击台谏，有铁面御史，军国之事无一不得言于君子。是以司马光犹得以殛守忠之奸，刘挚犹得以折李宪之横，范祖禹犹得以罪宋用臣，张震犹得以击龙大渊、曾觌。盖君子之气伸，则直道始有所附而行也。今陛下之所以为直道计者，非不至矣。月有供课，是以直道望谏官也；日有轮札，是以直道望廷臣也；有转对，有请对，有非时召对，是以直道望公卿百执事也。江海纳污，山薮藏疾，天下于此咸服陛下之量。然或谓比年以来，外廷议论，于己有所未协，于情有所未忍者，悉以圣意断之。不惟言及乘舆、上勤节贴，而小小予夺、小小废置，亦且寝罢不报矣。不惟事关廊庙、上烦调亭，而小小抨弹、小小纠劾，亦且宣谕不已矣。甚者意涉区区之貂珰，论侵琐琐之姻娅，不恤公议，反出谏臣，此何等狐鼠辈，而陛下以身庇之！御史至于来和事之讥，台吏至于重讫了之报，臣恐天下之直道自此沮矣。康定间，欧阳修以言事出，未几即召以谏院；至和间，唐介以言事贬，未几即除以谏官。仁祖之所以主直道者如此。今进言者犹以台谏之势日横为疑。呜呼！兹非富弼忠于仁祖之意也。弼倾身下士，宁以宰相受台谏风旨，弼之自处何如也？奈何不知弼之意，反启人君以厌君子之言，是何心哉？元符间置看详理诉所，而士大夫得罪者八百余家。其后邹浩、陈瓘去国，无一人敢为天下伸一喙者，是可鉴矣。臣愿陛下壮正人之气，养公论之锋，凡以直言去者，悉召之于霜台乌府⑨中，如先朝故事，则天下幸甚，宗社幸甚！

盖大道之行，天下为公；周道如砥，其直如矢。自古帝王行道者，无先于此也。臣来自山林，有怀欲吐。陛下怅然疑吾道之迂远，且慨论乎古今功化之浅深，证效之迟速，而若有大不满于今日者，臣则以为非行道之罪也。公道不在中书，直道不在台谏，是以陛下行道用力处，虽劳而未遽食道之报耳。果使中书得以公道总政要，台谏得以直道纠官邪，则陛下虽端冕凝旒于穆清之上，所谓功化证效，可以立见。何至积三十余年之工力，而志勤道远，渺焉未有际邪？臣始以不息二字为陛下勉，终以公道直道为陛下献。陛下万几之暇，倘于是而加三思，则跻帝王，轶汉唐，由此其阶也已。臣赋性疏愚，不识忌讳，握笔至此，不自知其言之过于激，亦不自知其言之过于泛，冒犯天威，罪在不赦，惟陛下留神。臣谨对。

注 释

①深，深远。　②天灾纷至沓来。　③牢狱空虚。指没有犯罪之人，国家太平无事。　④三尺。古代以六尺为步，半步为武。　⑤帝王的车盖，后代指帝王。　⑥本指旁出的芽，这里引申为邪行。　⑦逾越，超过。　⑧不按照次序，越级而进。　⑨御史台的别称。

赏 析

全文以"法天地不息"立论，将道统之恒久与治术之实践相贯通，既溯太极之妙又切时弊之实。其文雄辩滔滔，自《三坟》《五典》至宋室积弊，指陈民困、士风、兵弱、边危四大症结，痛斥"刑名杂霸，佛老异端"之惑世。尤以"重宰相以开公道之门，收君子以寿直道之脉"为救世良方，彰显宰辅台谏并重的政治理想。通篇贯穿着"天行健"的哲学思辨与"挽天河"的救世热忱，既有"一不息而天地同久"的形上追问，又具"腊雪靳瑞，蛰雷愆期"的现实忧思。在宋末颓势中仍坚守"公道直道"的政治操守，以董仲舒、司马光为典范，谏言"壮正人之气，养公论之锋"。全策忠肝义胆激荡字里行间。

元

元统元年（1333）癸酉科

右榜状元：同同

策 问

制曰：古人有言：得天下为难，保天下为尤难。自古持盈守成之君，莫盛于三代。夏称启能敬承继禹之道，殷称贤圣之君六七作，周称成康能致刑措。夫以禹之力而惟启，以文武之德而惟成康。贤圣之君之众，莫若殷，亦不过六七而已。其后惟汉之文景，而言文景之治，犹不得比之三代善继承者，何若斯之难也！我祖宗积德累世，至于太祖皇帝肇启土宇，建帝号。又七十余年，世祖皇帝始一天下，以致至元之治，厥惟艰哉！顾予冲人①，赖天地祖宗之灵，绍膺嫡统，继承之重，实在朕躬，夙夜兢兢，未获其道。子大夫通今学古，其求启之所以敬承，六七君之所以称贤圣，成康之所以致刑措，其道安在？文景之所以不及三代，其故何由？及今日之所以持盈守成，孰先孰后？孰本孰末？何以致刑措，称贤圣，继祖宗之盛？悉心以对，毋有所隐。

对 策

臣对：陛下发德音，下明诏，求持盈守成之道，远稽三代，近法祖宗，皆非愚臣所能及也。然先民有言：询于刍荛。臣敢不悉心以对。

臣伏读制策曰："古人有言：得天下为难，保天下为尤难。自古持盈守成之君莫盛于三代。夏称启能敬承继禹之道，殷称贤圣之君六七作，周称成康能致刑措。夫以禹之功而惟启，以文武之德而惟成康，贤圣之君之众莫若殷，亦不过六七而已。其后惟汉之文景，而言文景之治，犹不得比之三代善继承者，何若斯之难也！"臣闻自古有天下者，创业至难，守成尤难，何也？天将有以大奉而王天下，必先使之勤劳忧苦，涉险蹈阻，功加百姓，德泽及四海，然后授之大宝，以为天下之谊主。是故人之情伪，事之得失，稼穑之艰难，前代之兴废，靡不历览而周知。盖操心常危而察理也精，虑患常深而立法也详，故能平一四海而无不致治者。守成之君兢兢业业，恪守先王之宪章，犹惧不治，况自深宫而登大位，习于宴安不复知敬畏，贵为天子，富有四海，便佞日亲，师保日疏，声色货利，游畋土木与夫珍禽异兽，所以惑志而溺心者，不可胜效。管仲所谓宴安鸩毒②是也。苟非刚明而大有为者，讵不为其所动。其间间有足以有为之资，则其颂功德、称太平、奏丰年、献祥瑞者，投间抵隙，接踵于朝廷。于是志骄气盈，穷兵黩武，以祖宗之法为不足法，好大喜功，纷更变□，至失厥位而坠厥宗者，比比又如此。是故禹、汤、文武大圣也，自累世积德而有天下至难也，以天下相传，大事□□，能继禹之功者惟有启，承文武之德者惟成康，圣贤之君之于汤殷六七而已。以圣人有天下，能继其后者止如此。况汉文景继高帝之治乎？由此言之，继世之君有能持盈守成而不废先王之道者，可谓难也已。《诗》曰："不愆不忘，率由旧章。"《书》曰："监于先王成宪，其永无愆。"此之谓也。

臣伏读制策曰："我祖宗积德累世，至于太祖皇帝肇启土宇，建帝号。又七十余年，世祖皇帝始一天下，以致至元之治，厥惟艰哉！顾予冲人，赖天地祖宗之灵，绍膺嫡统，继承之重，实在朕躬，夙夜兢兢，未获其道。"臣惟我国家积德千万世，与天无疆。至太祖皇帝受明命，兴王基，建帝号于朔方。又七十有余岁，世祖皇帝圣德神功，方能一天下，以成至元之盛治，王业之成何其难也。如此今也继承之重，托之□□□□□□□□，臣□□□□□□□□□□□□□□□皇帝陛下，英姿天继，圣德日新，民情世态之熟识，险阻艰□□之备尝，历数在□□□□□□□□□□□心之所归。讴歌者咸曰：吾君之子也。朝觐者咸曰：吾君之子也。先帝之所顾命，慈极之所眷注，宗王之所推崇，股肱大臣之所翼戴，陛下其时邈在蛮烟瘴雨之乡，夫岂有黄屋左纛之念哉！昊天成命，默定于苍苍也久矣。推之而不可推，辞之而不可辞，飞龙在天，□□□□□□□□□圣作物睹，天下皆以至元之治，复望于今日，陛下所以汲汲有为，以副天下之望者，当如何哉？制策有谓："夙夜兢兢，未获其道。"臣读至此，顿首称贺，有以见陛下谨持盈守成之心矣。充此心而力行之，行之不已，而求其至焉。虽禹汤文武无以过也，又岂有不获者！《诗》曰："夙夜匪懈。"《书》曰："懋哉懋哉。"此之谓也。

臣伏读制策曰："子大夫通今学古，其求启之所以敬承，六七君之所以称贤圣，成康之所以致刑措，其道安在？文景之所以不及三代，其故何由？及今日之所以持盈守成，孰先孰后？孰本孰末？何以致刑措，称贤圣，继祖宗之盛？悉心以对，毋有所隐。"臣学不足以考古，识不足以通今，草茅微贱，何足以及此而切有志焉。尝闻之三代之后得天下也，以仁治天下，亦以仁子孙继之，何敢加毫末于是哉？不过存敬畏，守成实而已。昔启之继禹也，遵其道而敬承之，左右皆禹之旧臣，相与辅之，启又能尊亲而礼任焉，故能继其道而不废。□□□□□可顾。又曰：予临兆民，凛乎若朽索之驭六马。启之所以敬承者此也。陛下以是□□之敬承之道，无以加矣。臣闻大甲嗣汤伊□□阿衡而告戒启沃者，无非成汤日新之功，大甲能守之，继是者能行之，所以继治。《书》曰："苟日新，日日新，又日新。"又曰："顾諟天之明命。"贤圣之所以继作者，此也。陛下以是力行之，六七君之称贤圣不得专美于商矣。臣闻成王继文武之位，周公作礼乐行王政，成王克遵文武之德，康王又克守之，教化大行，刑措不用。《书》曰："庶狱庶慎。"又曰："心之忧危，若蹈虎尾，涉乎春水。"成康之所以致刑措者，此也。陛下以是而力行之，则刑措矣。臣闻治天下莫大于仁政，而仁政莫先于教养。故三代之相承也，莫不制田里，教树畜，命训迪之官任敦典之责，渐民以仁，摩民以义，节民以礼，民知礼义而不犯法，然后刑罚辅之，以正其不正者耳，无非先德教而后刑罚也。汉高帝得天下，秦俗未尽革，专刑威而弃教化，不事诗书，不尚节义，何以为子孙法？文帝继其后，其恭俭慈爱虽足以化下，然贾谊劝其兴礼乐行仁义，则辞曰未遑。景帝忠厚之风又不及文帝。文景虽曰能守成，仅能守汉之成宪耳。何敢比隆于三代乎？孔子曰："道之以政，齐之以刑，民免而无耻；道之以德，齐之以礼，有耻且格。"由此观之，德礼本□□也，刑政末也，本宜头而末宜后也。陛下先其本后其末，德教化行礼乐兴，由之而致刑措，由之而称圣贤，由之而继祖宗之盛，在一转移间耳。臣切观祖宗所积之德，即文武之德，祖宗所成之功，即大禹之功，圣圣相承，以继□盛治，不特如殷之六七君之贤圣。陛下持盈守成，亦继志述事而已矣。承悦慈极，尊任师傅，博求贤能，修明庶政，进教笃，退浮华，谨访问，纳规谏，以天下之耳目为之视听，以天下之心志为之思虑。万国至广也，吾为天地以容之；万民至众也，吾为日月以照之。人之所欲者安也，吾为行仁政以安之；人之所欲者富也，吾为崇节俭以富之；人之所欲者寿也，吾为隆教化兴礼让，使之趋善远罪以寿之。立经陈纪，不以小有故而沮挠；发号施令，不以小利钝而变更。次第而行之，强力以守之。念祖宗之勤劳，致王业之不易，慎终如始，必其成功。心即祖宗之心，治即祖宗之治。将见功高大禹，德并文武，日新又新，同得成汤。保天下之事备矣，持盈守成之道至矣。

臣愚戆，不足以奉大对，惟陛下裁择。臣谨对。

注 释

①幼童。自隋唐以后，仅用为皇帝自称的谦辞。　②贪图享乐，犹如饮毒酒自杀。

赏 析

全文以三代圣王为镜鉴，力倡"德礼为本，刑政为末"的治国理念，既颂扬太祖、世祖开基之艰，又直面元廷承平之隐忧。其文脉贯通《诗》《书》，深谙"夙夜匪懈"的守成之道，强调"仁政莫先于教养"，提出尊师重傅、崇俭纳谏等具体方略。元朝在汉化进程中，既保有"朝觐者咸曰吾君之子"的草原正统观，又吸纳"渐民以仁，摩民以义"的儒家教化论。对策尤重现实观照，针砭"声色货利"之惑，谏言"强力守之"以固基业，彰显色目士人调和蒙汉的治世智慧。虽囿于颂圣传统，未能触及元末积弊的根本，然其"次第而行"的渐进改良思路，仍不失为元统年间维系"至元之治"遗绪的务实之策。

元统二年（1334）甲戌科

左榜状元：李齐

策 问

制曰：朕闻《易》曰：君子多识前言往行，以畜其德。盖事必师古，帝王之所尚也。昔之有天下者曰皇、帝、王、霸，夫其位同，有庙社臣民同，爵禄废置生杀予夺之柄同，独其为号不同。然则曰皇、曰帝、曰王、曰霸，其名义可得而知乎？治天下者，为其事必有其功，载之简册，垂之来世，尚矣。《三坟》之书，少昊、颛顼、高辛氏[①]之典湮灭无传，其事功亦可考而有征于今乎？唐虞以下载籍虽存，亦可以尽信而无疑乎？临乎亿兆之上，必有为治之道，始终持循，以成一代之理。皇、帝、王、霸其为道同乎？不同乎？《传》曰：为政以德。盖必行道，有得于心，然后可措诸政。皇、帝、王、霸之德，其浅深纯杂亦可得而言乎？君心出治之原也，皇、帝、王、霸其心之微，亦可得而见乎？是皆朕之所欲闻也。子大夫修业于家殆有年矣，兹故详延于廷，以询所蕴。《书》曰：今民将在祗遹乃文考。又曰：别求闻由，古先哲王。朕仰荷天明，承累圣之丕业，兢兢图治，其法祖宗者，固不待谋之子大夫矣。等而推之，皇、帝、王之心、之德、之道，何者可师？何者可取？其悉陈之，以副朕之虚伫。近世儒者以皇、帝、王、霸分而比之春、夏、秋、冬，然而其所以为皇、帝、王、霸者，将犹气之周流于一岁，适然而然，初无系于向之云云也乎？天道循环，繇贞而元，理之必至。苟以四时方之，则秦汉而降，固可以配皇、帝、王、霸而班之否乎？子大夫其为朕索言之，朕将有所鉴焉。

对　策

臣对：臣闻元亨利贞，天之道也。皇、帝、王、霸，世之运也。夫世运虽有皇、帝、王、霸之不同，然而一元之气流行于天地之间者，则无时而已也。钦惟皇帝陛下，龙飞之初，兢兢图治，又进臣等于廷，询以帝王之所尚，与夫皇、帝、王、霸事功之著，心术之微，且谆谆于皇、帝、王之心、之德、之道，俾臣等悉陈之。臣草茅微贱，凡圣问所及者，皆非愚臣之所能知也。臣尝读世祖皇帝中统建元之诏，有曰："法春秋之正始，体大《易》之乾元。"夫元者，天地生物之心也。天运循环，世纪为元。洪惟圣朝以元纪号，默契大《易》先天之旨，施之经世，又合邵子②《皇极》之言。由一元而推之，至于十二万九千六百之数，万亿年无疆之休。臣敢不精白一心，以对扬天子之休命。臣谨俯伏以对。

臣伏读制策曰："朕闻《易》曰：君子多识前言往行，以畜其德。盖事必师古，帝王之所尚也。昔之有天下者，曰皇、帝、王、霸，夫其位同，有庙社臣民同，爵禄废置生杀予夺之柄同，独其为号不同。然则曰皇、曰帝、曰王、曰霸，其名义可得而知乎？治天下者，为其事必有其功，载之简册，垂之来世，尚矣。《三坟》之书，少昊、颛顼、高辛氏之典湮灭无传，其事功亦可考而有征于今乎？唐虞以下载籍虽存，亦可以尽信而无疑乎？"臣有以见陛下深知皇、帝、王、霸名号不同，然必求诸事功，考诸载籍，而后有以明之也。臣闻傅说之告高宗曰："王人求多闻，时惟建事，学于古训乃有获。事不师古以克永世，匪说攸闻。"故君子所以多识前言往行者，将以畜其德，而帝王之所尚者，亦必以师古为先也。昔之有天下者，曰皇、帝、王、霸。夫皇之所以为皇者，犹天道之春生也。帝之所以为帝者，天道之夏长也。王之所以为王者，天道之秋成也。至于霸，则以力假仁而已矣。虽其庙社臣民、爵禄废置、生杀予夺之柄同，而霸者之心则与皇、帝、王不可一例而论也。其名义之所

107

以不同者，益以道化民者谓之皇，以德教民者谓之帝，以功临民者谓之王，以力假仁者谓之霸。其事功之著，则《三坟》不可得而详矣。然而伏羲氏始画八卦，造书契，以通神明之德，以类万物之情，以代结绳之政，而民始知所从。神农氏作为耒耜以教民稼穑，而民始知所本。黄帝氏定上衣下裳之制，兴宫室舟车之利，而民始有常度。此皇之所以为皇，盖以道化民者也。皇降而帝，于是少昊、颛顼、高辛氏兴焉。其官名之善，历数之精，后世继述焉。至若尧之历象日月星辰，而致庶绩咸熙之效。舜之命官资牧，而成恭己无为之治。此帝之所以为帝，盖以德教民者也。至若禹之不矜不伐，汤之克宽克仁，文王之徽柔懿恭，武王之垂拱而天下治，以功临民，此王之所以为王也。他如秦穆修圣，晋文修贤，楚庄修术，齐桓修才，邵陵之师□□矣。其实则以力而不以德，知功利而不知道义，此霸之所以为霸也。皇、帝、王之迹虽若不同，其心则一而已。由是而论，则唐虞以下，典籍所载亦可信而无疑矣。此即陛下所谓为其事必有其功，载之简册，垂之来世之意也。

臣伏读制策曰："临乎亿兆之上，必有为治之道，始终持循而成一代之理，其为道同乎？不同乎？《传》曰：为政以德，盖必行道，有得于心，然后可以措诸政。皇、帝、王、霸之德，其浅深纯杂亦可得而言乎？君心出治之原也，皇、帝、王、霸其心之微，亦可得而见乎？此皆朕之所欲闻也。"臣有以见陛下深知皇、帝、王、伯之心不同，将合皇、帝、王之治，而成一代之盛治也。臣闻有是心必有是道，有是道必有是治，治本于道，道本于心者也。盖皇、帝、王所传之道虽一，皇、帝、王为治之迹则殊。迹之殊者，时之异也。道之同者，心之一也。其始终持循以成一代之理者，初岂外于此心也哉！较之伯者，其浅深纯杂不待言而明矣。若夫心术之微，则臣请得而言之。尧之克明峻德，舜之兢兢业业，禹之不矜不伐，汤之克宽克仁，文王之纯亦不已，莫非以是心而行是政也。彼五伯之尤盛者，莫桓文若也。然而邵陵之师、城濮之战不过急功利而已耳。此所以卒不能如汤武之仁义也。孟子曰：尧舜性之也，汤武身之也，五伯假之也。此即陛下所谓为政以德，盖必行道，有得于心，然后可以措诸政之意也。

臣伏读制策曰："子大夫修业于家殆有年矣，兹故详延于廷，以询所蕴。《书》

曰：今民将在祗遹乃文考。又曰：别求闻由，古先哲王。朕仰荷天明，承累圣之丕业，兢兢图治，其法祖宗者，固不待谋之子大夫矣。等而推之，皇、帝、王之心、之德、之道，何者可师？何者可取？其悉陈之，以副朕之虚仁。"顾臣愚贱，何足以知此哉！臣闻君天下之道，在法古以通今而已。欲法乎古，则皇帝王之心法所当讲也。欲通乎今，则世祖皇帝之成宪所当法也。夫法祖宗者，固不待谋之愚臣，臣亦不敢不为陛下言也。《书》曰：今民将在祗遹乃文考。此即法祖宗之意也。又曰：别求闻由，古先哲王。此即取法于皇、帝、王之意也。况我世祖皇帝建国纪元之意，即天道一元生物之心乎？陛下仰荷天明，承累圣之丕业，兢兢图治，是亦帝王之用心也。臣愚以为法皇、帝、王以致治，亦惟法祖宗而已。何者？祖宗之治即皇、帝、王之治也。等而推之，皇、帝、王之心、之德、之道，臣又请得而僭言之：精一执中，建中建极，帝王之心也；钦明文思，恭敬宽仁，帝王之德也；身修、家齐、国治而天下平，帝王之道也。有是心则有是德，有是德则有是道，其取而法之，在陛下力行何如耳。其曰：君心出治之原者，盖陛下深烛此理而后。有此言也，心法之传，在陛下矣。彼伯者之事，何足以渎圣听哉！陛下之问及此，故臣敢肤列以明世运之不齐。然而皇、帝、王之道，则亘古今而不易也。臣前所谓迹虽异而心则一者，此也。

臣伏读制策曰："近世儒者以皇、帝、王、伯分而比之春、夏、秋、冬，然则其所以为皇、帝、王、伯者，将犹气之周流于一岁，适然而然，初无系于向之云云也乎？天道循环由贞而元，理之必至。苟以四时方之，秦汉而下固可以配皇、帝、王伯而班之否乎？子大夫其为朕索言之，朕将有所鉴。"臣闻先儒邵子于阴阳消长之理，固已默会于心矣，故其为《皇极经世书》也，以日月星辰为元会运世之本，以皇、帝、王、伯为《易》《书》《诗》《春秋》之体。且谓《易》该皇、帝、王，《书》该帝、王、伯，《诗》该王、伯，《春秋》纯乎伯，譬如寒暑昼夜之不齐，乃所以为齐也，初岂适然而然，无系于向之云云也乎？天道循环，由贞而元，理之必至。唐虞以下若秦者，固不足言矣。汉唐之事纵有可观，然而伯王之杂，心术之偏，君子无取焉，臣是以不敢为陛下言也。臣之拳拳者，惟曰法皇、帝、王之为治，亦惟体世祖皇帝春秋正始之言，大《易》乾元之旨而已矣。况天运为元，圣德日新，其所以基鸿业无疆之休者，又自陛下始也。愚臣谨俯伏以奉明诏，陛下策臣之□□有献焉。夫敬者，一心之主宰，万事之根柢，帝王之所以成始而成终者也。《书》曰："钦明文思。此敬也。又曰："惟天无亲，克敬惟亲。"亦此敬也。陛下以一心而制万化，惟天惟祖宗之寄，择不出乎一敬而已。如是而加乾健不息之功，缉熙圣学之力，则可以四三王，可以六五帝，比屋可封之俗，黎民于变之风，将复见于今日矣。猗欤！今此陛下之心，天下之福也。臣谨昧死上愚对。

注 释

①即帝喾，号高辛氏。　②指宋代理学家邵雍。

赏 析

策文以天道循环比附历史演进，将三皇五帝至蒙元纳入"春生夏长"的经世体系，既论证元廷承天应运的正统性，又暗喻其当复归三代德治。其文脉贯通《易》《书》，力倡"精一执中"的帝王心法，以"敬"为治国枢机，主张"法祖宗即法三代"的政道观。在元统年间的汉化回潮中，既维护"世祖春秋正始"的蒙元祖制，又吸纳"身修家齐国治"的儒家理想，彰显南北士人调和儒法的治世智慧。对策尤重形上思辨，以"一元之气"统摄皇霸嬗变，虽未直面元末社会危机，然其"德教临民"的复古主张与"缉熙圣学"的渐进改良，仍不失为维系元廷正统的意识形态建构。

明

洪武四年（1371）辛亥科

状元：吴伯宗

策 问

制曰：盖闻古先帝王之观人，莫不敷奏以言，明试以功。汉之贤良，宋之制举，得人为盛。朕自临御以来，屡诏有司搜罗贤俊，然而杰特犹若罕见，故又特延子大夫于廷而亲策之，以庶几于古先帝王之盛节焉。历代之亲策，往往以敬天勤民为务。古先帝王之敬天勤民者，其孰为可法欤？所谓敬天者，果惟于圜丘[①]郊祀之际，致其精一者为敬天欤？抑他有其道欤？所谓勤民者，宜莫如自朝至于日昃[②]，不遑暇食者矣。其所以不遑暇食者，果何为耶？岂勤于庶事[③]之任耶？自昔而观，宜莫急于明伦厚俗。伦何由而可明，俗何由而可厚耶？三代而下，惟东汉之士俗，赵宋之伦理，差少疵议。果何道而致然欤？盖必有可言者矣。宜著于篇，毋泛毋略。

对 策

臣谨对：臣闻古先帝王之治天下，莫不以敬天勤民为务，以明伦厚俗为急，故汲汲于求贤者，凡以为此也。钦惟陛下进臣等于廷，策臣以古先帝王之务，臣愚昧何所通晓，然叨奉大对，敢不竭心尽知，上答圣同之万一乎？谨俯伏以对。

臣伏读制策曰："盖谓古先帝王之观人，莫不敷奏以言，明试以功。汉之贤良、宋之制举，得人为盛。朕自临御以来，屡诏有司搜罗贤俊，然而杰特犹若罕见，故又详延士大夫于廷而亲策之，以庶几于古先帝王之盛节焉。"而臣有以见陛下求贤之切也。臣闻言者心之声也。人藏其心不可测度，即其言之得失，而心之邪正可见。然言之匪难，而行之惟难，固有能言而行不逮者矣。是以古先帝王之观人，必敷奏以言而观其蕴，明试以功而考其成，然后有以得夫贤才之实焉。三代而后，若汉、若宋，其取人之法，有贤良制举，是有得于奏言试功之遗意。故在汉之时，若董仲舒人天三策，蔚为醇儒。而宋之诸儒仿佛三代，尤为得人之盛，良以此也。钦惟陛下以神武定区宇，以文德绥太平。屡降德音，广求贤俊，而又设科目为取士之方，详延草茅之士，亲策于廷。陛下求贤之心，可谓切矣。将见必有杰特之士出而为邦家之用，而臣则不足以及此也。

伏读制策曰："历代之亲策，往往以敬天勤民为务。古先帝王之敬天勤民者，其孰可为法欤？所谓敬天者，果惟于圜丘祭祀之际，致其精一者为敬天欤？抑他有其道欤？所谓勤民者，宜必如自朝至于日昃，不遑暇食者矣。其所以不遑暇食者，宜必如自朝至于日昃，不遑暇食者矣。其所以不遑暇食者，果何为耶？岂勤于庶事之任耶？"臣有以见陛下深知为君之道，而后有此言也。臣闻帝者莫盛于尧、舜，王者莫盛于禹、汤、文、武。稽之于经，若尧之钦明文思，舜之温恭允塞，兢兢业业，而戒饬于时，几同寅协恭而懋勉于政事，此唐尧、虞舜之敬天民者也。陛下能法尧、舜，而陛下即尧舜矣。敬德以先天下，祗肃以顾諟天之明命，克勤克俭而尽力乎沟洫，昧爽丕显④而子惠乎困穷，此夏禹、商汤之敬天勤民者也。陛下能法禹、汤，则陛下即禹汤矣。小心翼翼而视民如伤，敬事上帝而作民父母，此文武之敬天勤民者也。陛下能法文武，则陛下即文武矣。夫古先帝王之可为法者，孰有过于尧舜禹汤文武者乎？

臣闻天生民而立之君，使司而牧之，君所以代天理民者也。古之帝王审知乎此，故位曰天位，职曰天职，禄曰天禄，民曰天民，无一事不本于天，亦无一事不存乎敬。敦典庸礼，君之所以为教也，而必推之天序、天秩焉，是敬天之心见于施教者然也。命德讨罪，君之所以为政也，而必归之于天命、天讨焉，是敬天之心形于施政者然也。一动一静，常若有天在前；一语一默，常若有天在中。以至天工之不敢废，天职之不敢旷，何往而非敬天之事哉！若夫圜丘郊祀之际，以致其精一，是特敬天之一事，固不专在于是也。制策谓抑他有其道，可谓深达敬天之道矣。非陛下敬天之至，何以及此。

臣闻民本有饥食渴饮之欲，不能以自治，必赖君有以养之。有秉彝好德⑤之性，不能以自遂，必赖君有以教之。君人者，兼君师之任者也。是以古之帝王审知乎此，既为之制其田里，教之树畜，使有以安其生。而设为庠序之教，申之以孝悌之义，使民有以遂其性。如文王之自朝至于日昃，不遑暇食者，凡以此而已。故曰：即康功田功。康功者安民之功，而田功者养民之功也。又曰：怀保小民。曰：惠鲜鳏寡。盖欲使天下之民，无一不得其安，无一不得其养而后已也。圣人之道一也，观文王不遑暇食，如此则尧、舜、禹、汤、文、武之心从可知矣。

臣闻人主能以一心总天下之万机，不能以一身兼天下之众职。古帝王之勤民者，非事事而亲之，要在责成臣下而已。故曰：劳于求才，逸于任贤，此之谓也。钦惟陛下奉天承运，抚临亿兆。严恭寅畏，无顷刻不在于天。宵衣旰食，无顷刻不在于民。孜孜勉勉、励精图治之心，即尧、舜、禹、汤、文、武之心也。而制策以古先帝王之孰为可法为问，臣有以知陛下不自满足之心也。臣愿陛下常存此心而不已焉，则唐虞三代之盛，岂能及哉！

臣伏读制策曰："自昔而观，宜莫急于明伦厚俗，俗何由而可明，俗何由而可厚耶？三代而下惟东汉之士俗，赵宋之伦理，差少疵议，果何道致然欤？盖必有可言者矣，宜著于篇，毋泛毋略。"臣闻自昔帝王之为治，莫急于明人伦，厚风俗。而人伦之所明，风俗之所厚者，皆由于崇学校，以兴教化而已。盖教化行而人心正，则伦理明而风俗厚，此必然之理也。唐虞三代无以议为矣。若东汉之士俗，赵宋之伦理，卓然于三代之后，岂无其道而致然哉！臣闻汉光武初定天下，首访求山林遗逸之士。明帝尊师重傅，临雍拜老，宗戚子弟，无不受学。是以养成一代人心风俗，皆知崇尚节义，耻于奔竞。此汉之士俗所以为美者，以有其教化也。臣闻宋太祖即位之后偃息兵革，崇尚文治，虽疆域之广不及汉唐，而教化之美几及三代。当时人君无不学，而所用无非儒，是以天下翕然以道学为事。又有濂洛诸儒，出而接夫道统之传，以为学者之宗，斯宋之伦理所以为美者，亦以其有教化也。方今上自皇都，下逮府州若县，亦既莫不有学，而陛下又躬行于上，日召儒臣讲求治道，固已论之精而行之当矣。制策以伦何由而可明，俗何由而可厚为问，臣以谓明伦、厚俗，惟在于崇学校以兴教化也。臣愿陛下益重教官之选，严守令之责，使居学校者果能如胡安定之教于苏湖，居府县者果能为文翁之化于蜀郡，则人伦不患其不明，上俗不患其不厚，而唐虞三代之治，无以异矣。又岂汉、宋之可拟伦也哉！

臣愚不足以奉人对，谨竭其一得之愚，惟陛下裁择。臣谨对。

注 释

①古代祭天的坛。　②太阳到中午而西斜。　③琐碎的事务。　④黎明时分盛大光明，形容君王勤政修德，如朝阳初升般光辉普照。　⑤意思是人心所执的常道、所好的美德。

赏 析

对策以"敬天勤民"为纲，熔程朱理学与明初治术于一炉。全文以三代之治为镜鉴，既倡"崇学校以兴教化"的儒家理想，又切于"制田里、教树畜"的民生实务。其文脉贯通《尚书》《周礼》，强调帝王当以"代天理民"为要，将祭祀精诚与日常施政统合于"一动一静皆存天心"的哲学思辨中。在明初百废待兴之际，既颂扬太祖"宵衣旰食"的勤政风范，又建言严选教官、效法胡瑗苏湖教法，彰显儒臣经世致用之志。对策尤重历史镜鉴，以东汉崇儒、赵宋重学为典范，主张"人君无不学"的治国理念，暗合朱元璋"礼致耆儒"的施政方略。虽囿于颂圣传统，未能直言洪武峻法之弊，然其"责成臣下"的权责观与"教养并举"的治世论，仍为明初重构礼法秩序提供了儒学范本。

永乐十年（1412）壬辰科

状元：马铎

策 问

制曰：朕奉承宗社[①]，统御海宇，夙夜祗畏，弗遑底宁，以图至治，于兹十年，未臻其效。虑化未浃矣，谨之以庠序之教；虑养未充矣，先之以足食之政；虑刑未清矣，详之以五覆之奏。求才备荐举之科，考课严黜陟之令。然而厉俗而俗益偷，革弊而弊不寝。若是而欲跻世泰和，果何行而可？六经著帝王为治之迹，《易》以道阴阳，专名数者，或流而为灾异；尚理致者，或沦而为清谈。《书》以道政事，语知行则何以示其端，论经世则何以尽其要？《诗》以道志也，何以陈之于劝惩黜陟之典？《春秋》以道名分也，何以用之于闭阳纵阴之说？《礼》以道行，而《乐》以道和也，何以道同六经而用独为急？夫道本一原而治有全体，推明六艺，讲议异同，行则美矣，何以一归于杂？雅歌击磬，执经问难，志则勤矣，何以未复乎古？讨论文籍，考定五经，可谓劳矣，未足以致大治。更日侍读，质问疑义，可谓伟矣，仅足以成小康。夫五星集奎，文运斯振，儒道光阐，圣经复明，较之往迹，何胜何负？盖为治之道，宽猛相济，各适其宜。太宗宽厚长者，务崇德化，政足尚矣，而言者谓不若中宗之严明。显宗法令分明，幽隐必达，严足尚矣，而言者谓不若肃宗之长者。论治若此，其将孰从？夫博问经学之士，有以应变。

子诸生蕴之有素，其于为治之要，时措之宜，悉心以陈，毋徒泛泛，朕将亲览焉。

对　策

臣对：臣闻治本于道，道载诸经。圣人出而三代之治为可复，真儒出而六经之道为大明。经以载道，固必待人而后明；道以出治，尤必待人而后行也。

洪惟皇帝陛下尊履大宝②，绍承鸿基，明照八表③，知周万务，心存乎帝王之心，治绍乎帝王之治，尚虑阙漏，下询刍荛，此好问而好察迩言之意，尧舜禹汤文武之心也。然化已浃矣，选任师儒严督课业，简绌以惩庸，励进以劝善，而庠序之教唯谨。养已充矣，省其征徭，薄其税敛，禁一民之不得妄差，禁一毫之不得妄取。而足食之政尤先慎罚，而致三覆五覆之详，尚思夫罚罪之非当。用贤而惇荐举考之典，尚思夫任职之未宜。是盖陛下明经术之正，识帝王之大，不安小成，必跻斯世于唐虞三代之盛也。夫厉俗未底乎时雍，不害为俗之益偷。革弊未至乎于变，不害为弊之不寝。臣愚有以知陛下泰和之世可跻，唐虞三代之治可致。其厉俗革弊有不在政令之末耳。何则？陛下任奉承之重，统御宇之大，夙夜祗惧，而存心于不已，道本于一原，治具乎全体。若稽经籍而垂至治于无穷，六经之道固已蕴诸圣心矣。其视诸经传授之是非，历代为治之得失，昭昭而白黑分矣，奚以臣言。虽然，圣问所及，敢不馨竭④臣愚，条悉以对。

夫自六经删述于孔氏，帝王之道由是而大明；自六经附会于汉儒，帝王之治由是而难复。《易》以道阴阳，伏羲、神农、黄帝之道无所不该。自田何传至于焦、房，专尚名数，流而为灾异。自费直传至于辅嗣，专尚理致，沦而为清谈。于是理数分而易道微矣。《书》以道政事，而典谟、训诰、誓命之辞无不具焉。语知行则惟精惟一，所以示其端。论经世则洪范皇极，所以尽其要。自大、小夏侯之说殊，而书之义蹐矣。《诗》所以道志也，先王命太师陈诗以观民风。善者可以感发人之善心，美之而民知所劝；恶者可以惩创人之逸志，刺之则民知所惩。以是巡行诸侯之境土，而黜陟行焉。自齐

117

鲁毛韩之异尚，而《诗》之义隐矣。《春秋》所以道名分也，董仲舒大一统之论正谊明道、贵王贱伯之义，其得于《春秋》也大矣。而乃用于灾异之变，推阴阳所以错行，故有闭阳继阴之说，而《春秋》之义乖矣。《周礼》大司徒以五礼防万民之伪而教之中，此礼以道行也。以六乐防万民之情而教之和，此乐以道和也。礼有三千三百之仪，而一主乎敬；乐有五声十二律，而一本于和。制度品节之详而有所持循，情文节奏之备而有所感发。致礼以治躬，则齐庄中正，非僻之心无自而入；致乐以治心，则易直子谅，鄙诈之念无自而生。用之于邦国而邦国治，达之于天下而天下平，此六经之道同归，礼乐之用为急，而《易》《书》《诗》《春秋》之蕴，必于《礼》《乐》以著其用焉。然欧阳修所谓三代而下，治出于二，而礼乐为虚名，则班《志》所谓礼乐之用为急，亦未见于实用也。

然六经之道未极一原，尚何三代全体之治为可复乎？此汉之武帝推明六艺罢黜百家，孝宣章帝之石渠白虎讲议异同，行则美矣，而卒莫能循乎王道之正，而终归于霸道之杂。由乎六经之道，昧于一原，宜其治有所未纯焉。光武亲幸太学，诸生雅歌击磬。明帝临雍拜老，诸儒执经问难。其志虽曰勤矣，而未克以复乎古，不能四三王而六五帝，盖徒尚夫仪文之末，而未究夫圣道之本也。若唐太宗讨论文籍至于夜分，诏颜师古考定五经，求治之心可谓劳矣。然而仅能致斗米三钱，外户不闭之效，而未足以为大治。玄宗更日侍读，质问疑义，怀素、无量常侍更直，好治之心亦可谓伟矣。而开元之治庶几贞观之风，惜其后不克终，以致祸乱，是皆亦由乎六经之道昧于一原，宜其治有所未至焉。迨夫五星聚奎，宋德隆盛，文运斯振，周、张二程光阐儒道于前，杨、罗、李、朱复明圣经于后，较之往迹大有径庭矣。儒道既阐，圣经复明，则治道胜负较之于前，不待论说而明矣。

夫天下之大经，仁义中正而已。仁以育万民，义以正万民，二者并行而不相悖。宽而不流于姑息，有猛者存；猛而不偏于苛察，有宽者在。严而泰，和而节，此理之自然，治道之全体也。汉文帝恭俭玄默⑤，赐不朝以几杖，遗受略以金钱，造露室惜十家之产，可谓宽厚长者，务崇德化，政足尚矣。然与匈奴疏绝，毅然讲武，盖未尝不猛焉。宣帝综核名实，励精图治，流而至于苛刻，汉室忠厚之风几乎荡尽。明帝法度分明，幽枉必达，严足尚矣，而过于察察。章帝宽厚长者，而流于姑息，东京之政由是而衰矣。亦其学术不明，不能损过就中，而归于圣贤大学之道也。向若汉之文帝从贾谊而兴礼乐，武帝从董仲舒而明教化，则仲舒所谓道之大原出于天，正心以正朝廷，正朝廷以正百官，正百官以正万民，万民正而远近莫不一于正，则道之一原可知，治之全体可识，其治岂止于汉而已。迨夫宋之诸君能用诸儒，则经术之明见于治效，岂独载诸传、注而止哉！虽然，天运循环，无往不复。承大一统文明之运，表章六经圣人之道，比隆于唐虞三代，正有待于今日圣天子居天位，行天道，而著治效于无穷也。

臣愚生浅学，叨奉大问于廷，获闻道本一原，治有全体，不胜踊跃，庆唐虞三代之治复见于今日，宁不顿首为天下贺？非但为天下贺，当为万世贺。抑臣闻之，为治之要《大学》一书，治天下之格律也。时楷之宜，《中庸》一书，圣学传心之要法也。此皆陛下身体而力行之者也，故能致笃恭而天下平之效。臣愚，学不能以博古，才不足以应变，伏愿陛下始终此心，始终此治，可以四三王六五帝，岂但跨越汉唐宋而已哉！

臣不揆浅陋，以此上呈圣览，干冒天威，岂胜战栗。臣谨对。

注 释

①宗庙和社稷，这里指国家。 ②最宝贵的事物。这里指帝位。 ③八方之外，指极远的地方。 ④穷尽而无保留。 ⑤清静无为。

赏 析

全文以"治本于道，道载诸经"立论，既斥汉儒附会致"帝王之治难复"，又赞宋儒光大道统而近三代。其文脉贯通石渠、白虎之议，指陈灾异清谈之弊，主张回归"精一执中"的儒学本源。在永乐文治鼎革之际，既颂扬成祖"绍承鸿基"的正统性，又暗谏"仪文未究圣本"的施政隐忧。对策尤重历史镜鉴，以汉文宽厚、宣帝苛察为戒,倡"宽猛相济"的治术平衡,主张以《大学》《中庸》为治国圭臬。虽未直言永乐峻法之弊,然其"道一原而治全体"的哲学思辨,为明初重构文官体系提供了经学依据,堪称永乐科举中承续道统、调和汉宋的典范文本。

天顺元年（1457）丁丑科

状元：黎淳

策 问

制曰：朕惟帝王治天下，必以求贤安民为首务，盖古今之所同也。然古之士进以礼，退以义，为上为德，为下为民。今何其立功之志弱，而利禄之心胜；奔竞之风未息，而廉介之节少著，其失何由？古之民有恒产，有恒心，家给人足，比屋可封。今何其务本者少，而逐末者多，偷薄①之习浸长，而礼让之俗未兴，其弊安在？朕自复位以来，图惟治理，夙夜靡宁，求贤必欲得真才，安民必欲获实效，将使士正其习，民淳其风，庶几唐虞三代之盛，必有其道。子大夫其援经据史，酌古准今，明以条陈，毋曲所学，毋卑所志，务求切至之论，朕将择而行焉。

对 策

臣对：臣闻帝王之治天下，在乎求贤安民而已。求贤安民，在乎智仁兼尽而已。盖求贤者，智之事；安民者，仁之事。非智不足以求贤，非仁不足以安民。智以求贤则迪②知忱恂，而真才无不得；仁以安民则博施济众，而实效无不臻。真才既得，士习由是而正；实效既臻，民风由是而淳。尧舜所以

121

帝天下而陶民熙皞者，此也；禹汤文武所以王天下而措世隆平者，亦此也。故《书》曰："在知人，在安民。"又曰："知人则哲，能官人、安民则惠，黎民怀之。"其是之谓欤？

钦惟皇帝陛下禀聪明睿智之资，全刚健中正之德，曩者嗣大历服已历十有五年。日御经筵，讲求治理，声色货利无所通殖，宫室苑囿无所增广，惠泽覃被于八荒，声教洋溢于四海者久矣。兹乃应天顺人，复登宝位，诞膺新命，光复旧物。言动不违乎祖训，举措允合乎天心。所谓多难兴邦，而殷忧启圣者也。是以伦纪粲乎其肇修③，风俗蔼乎其丕变。而功业文章，巍然焕然，已驯致乎唐虞三代之隆矣。然犹体道谦冲，不自满足，特进臣等于廷，降赐清问。首以求贤安民为务，期在士正其习，民淳其风，且拳拳欲求切至之论。臣愚有以知陛下此心，即舜之好问好察、禹之闻善则拜、文王望道如未见之心也。其所以复大一统文明之治，绵千万载太平之业，端在此矣。顾臣愚陋，无所知识，然明命下临，敢不精白一心，以对扬于万一乎！

臣惟天生斯民不能自治，而必作之君。君抚斯民不能独理，而必资乎臣。故人君之为治，不必务乎至高难知，惟在求贤而已；不必务乎至远难行，惟在安民而已。昔者唐虞三代之求贤也，若时若采之登庸，三德六德之咸事。肱股耳目，皆有所托；贤德忠良，举无所蔽。或三宅三俊之克即，或义德容德之继用。其得贤之盛如此，岂无自而然哉！盖由智之极其明耳。若尧之畴咨④明扬本于钦明，舜之翕受敷施本于浚哲，禹则明明于万邦，汤则经德而秉哲，文武则聪明齐圣，克知灼见，谓非智之极其明乎！夫惟智之极其明，如鉴之空，而妍丑自辨，如衡之平，而轻重自分，贤否不得以混淆矣。然上之人既明于知人，而贤者乃得行其志。是故其进也以礼，不枉道以干禄，不炫玉而求售，盖主乎辞逊，而不轻于进也。其退也以义，或见几而必作，或不合而即去，盖主乎断制，而不难于退也。所以士之用于当世者，必为上为德，而使君为尧舜之君；为下为民，而使民为尧舜之民。又岂不行其道，而尸位素食哉！所谓求贤而得真才者以此。至若唐虞三代之安民也，黎民有于变之休，万国有咸宁之教。平治水土而烝民乃粒，辑宁邦家而兆民允殖。有夏为之修和，四海为之永清，其安民之功如此，又岂无自而然哉！盖由仁之极其爱耳。

若尧之协和万邦，本于其仁如天，舜四方风动，本于其德好生，禹则德惟善政，汤则克宽克仁，文武则怀保小民，宠绥四方。谓非仁之极其爱，万物一体，而惠泽为之溥施，天下一家，而教化为之大行，远近咸归其极矣。然上之人既笃于爱民，而下民乃得遂其生。是故民有恒产，必五亩之宅，树之以桑；百亩之田，勿夺其时，而游手游食者无有也。民有恒心，必孝、弟、忠、信之是修，放辟邪侈之不作，而败礼、乱常者无有也。所以民之生于其时者，家给人足，而欢然于仰事俯育之余；比屋可封，而蔚然于礼乐教化之内。又岂衣食是忧而五品之不逊哉！所谓安民而获实效者以此。夫二帝三王智以求贤，仁以安民，而得其真才实效，于是之极盛矣。自时厥后，若汉唐宋之英君，虽或知以求贤安民为务，而于智仁不能兼尽，是以真才未必得，实效未必臻。回视唐虞三代之治，迢遥其不可及也。

洪惟我太祖高皇帝膺天命以创鸿业，太宗文皇帝顺人心而靖邦家，其求贤安民之道，远绍帝王而有光。仁宗昭皇帝敷大惠以宁四海，宣宗章皇帝明俊德以绥万方，其求贤安民之道，近述祖宗而无间。夫何承平日久，趋向渐乖，士习或流于贪纵，民风或至于浇漓⑤。朝廷虽急于求贤，然为士者立功之志弱，而利禄之心胜，奔竞之风未息，而廉介之节少著。岂所谓求贤者徒徇虚名，而未得真才之故欤？使得真才而用之，尚何有是失哉！朝廷虽急于安民，然斯民务本者少，而逐末者多，偷薄之习浸长，而礼让之俗未兴。岂所谓安民者徒事虚文，而未臻实效之故欤？使臻实效而验之，尚奚有是弊哉！仰惟陛下复位以来，图惟治理，夙兴夜寐，汲汲于求贤；宵衣旰食，切切于安民。然求贤必欲得真才，而安民必欲获实效。将使士正其习，民淳其风，庶几唐虞三代之盛，必有其道者。臣愚以为在陛下智仁兼尽而已。臣伏睹陛下详经制以网罗天下之贤，或由科目举，或由胄监选，或以贤良方正荐，或以怀材抱德征，此陛下求贤如渴之心也。奈何人藏其心不可测度，直者似讦⑥，而刚者似傲，佞者似忠，而诈者似信，所谓珉中玉表而凤鸣鸷翰者也。况秉铨衡者未尽其公，司考课者或乖乎正，回邪谄媚之徒得跻于显融，而刚方廉洁之士或困于诋毁。真才何由而得乎？陛下求贤果欲得真才，必本乎此心之智，洞察其贤否，灼见其虚实，励精选举之方，申严考课之法，登崇俊良，简任忠直。

置之庙堂之上，布之藩臬之中，言行足以表率乎群僚，政事足以抚绥乎黎庶。譬之木焉，本端而末自直；譬之水焉，源澄而流自清。将见今之士进必以礼，而不蹈希世取宠之非；退必以义，而咸知固位贪权之耻。急于行道济时，而奋立功之志；力于输忠效劳，而忘利禄之心。以恬静为尚，而奔竞之风自息；以贪墨为戒，而廉介之节自著。即《书》所谓"允迪厥德，谟明弼谐"，《诗》所谓"济济多士，秉文之德"者也。尚何士习之不正哉？

臣伏睹陛下颁明诏以轸念元元之苦，或蠲⑦租税以宽之，或发帑藏以济之，或中节俭之制，或开减省之条。此陛下视民如伤之心也。奈何民生多欲，因物有迁。夏暑雨而阻食，冬祁寒而阻衣。孤独鳏寡颠连而无告，饥馑流移濒死而难存。宜乎礼义不兴而奸宄⑧未止也。况司民牧者乏抚字之勤，职风化者乖明伦之教。词讼日繁，而刑清之颂不作；田野就荒，而击壤之歌未闻。实效何由而获乎？陛下安民果欲获实效，必本乎此心之仁，如疾痛之切于一体，如气脉之贯于四肢，儆戒其劳来之职，严督其劝课之责。所欲与聚，所恶勿施。置之于衽席之安，措之于富寿之域。比间族党有义以相保，亲疏尊卑有礼以相接。譬之网焉，纲举而目自张；譬之衣焉，领挈而裘自顺。将见今之民产必有恒，不游惰而弃业；心必有恒，不妄作而陷刑。知农事不可缓也，咸耕凿以务其本；知商贩为可贱也，不市利以逐其末。乡闾有塾，则考德问业，而偷薄之习自止；里社有约，则好善恶恶，而礼让之俗自兴。即《诗》所谓"群黎百姓，遍为尔德"，《易》所谓"久于其道而天下化成"者也。尚何民风之不淳哉？夫如是，则陛下之治天下，端不异于唐虞三代之盛矣。此臣愚见，断以为智之明足以求贤，仁之爱足以安民，是以其效自有不期然而然者也。

然陛下之策臣者，臣既略陈之矣，而于终篇窃有献焉。夫求贤安民，固本于陛下之智仁，而智仁之尽，尤在乎陛下之一心。盖心者，一身之主宰，万事之本根，所以统五官而令百体者也，所以恭天地而赞化育者也。陛下必欲常存是心，又必以敬为之主焉。静而主教，以全其心之体；动而主敬，以达其心之用。以之求贤则智极其明，以之安民则仁极其爱。然而是敬奚翅为智为仁，以尽求贤安民之道而已乎？至于视听言动，一循乎天理；好恶用舍，必合乎时中。殆见四方万国，必由此而咸和，九夷八蛮，必由此而宾服，五岳四渎，必由此而效宁，四时五行，必由此而顺序。旷世之祥于是乎并见，诸福之物于是乎骈臻。宋儒程子所谓"上下一于恭敬，则天地自位，万物自育，气无不和，而四灵毕至"者也。如是则陛下之治，卓冠百王而垂亿万年之休，与天地相为无穷者，自兹始矣。臣学识肤浅，不能援经据史，酌古准今，谨直述以对。若夫曲所学以阿世，卑所志以徇时，则臣不敢以自处也。伏惟陛下少垂睿览，天下幸甚。臣谨对。

注 释

①轻薄，不厚道。　②效法先王的智慧，启迪后人。　③确立并不断完善。④访问、访求。　⑤民风民俗浮薄。　⑥揭发别人的隐私或攻击别人的短处。⑦免除。　⑧指坏人。由内而起叫奸，由外而起叫宄。

赏 析

对策以"智仁兼尽"为枢，熔程朱理学与明初治术于一炉。全文以"求贤安民"为纲，既倡"明察虚实"的严选机制，又主"一体一家"的仁政理念。其文脉贯通《尚书》《周易》，既颂英宗复辟"光复旧物"的正统性，又直指士风"贪纵奔竞"之弊。在明中期政统重构之际，既承续仁宣"敷惠宁民"遗绪，又暗谏考课失实、教化不彰的吏治隐忧。对策尤重心性修为，强调君主当以"敬"为本，将程颐"主敬"说引入治道，主张"静存动察"的修身实践。文章直指时弊，针对性较强，有较强的感染力。

成化二十三年（1487）丁未科

状元：费宏

策 问

制曰：自昔帝王创造丕图，必有贻谋，以为长治久安之计。夏商周之迹见于经，汉唐宋之事具于史。朕欲闻其纪纲、统体、制度得失之详。迨其嗣世之君，欲保盈成以跻至治，一惟旧典是遵是用。其或久也，不能无偏而不举之处，则亦兴其滞，补其弊，期使斯民得被先王之泽，如夏启、商宗、周宣王是已。而汉唐宋之君亦有能庶几者乎？朕欲究其奋励有为，功业可称之实。夫事不稽古，固无以证今，然徒泛论古之人，而不求今时之急务，亦非纳言之善也。昔朕太祖高皇帝奄一寰宇，建制垂宪，万世攸崇。太宗文皇帝定鼎两京，洪谟远略，光前裕后。列圣相承，益隆继述，斯民乐育于熙皞之治，已百二十年矣。然治极而弛，理势自然。祖宗良法美意，岂能悉祗承而无弊乎？肆朕拳拳以法祖为念，欲俾内外百司，群工庶职，感恩奋庸熙载①，恪守夫典训而慎行之，毋滋偏失不举、名存实爽之议，用期吏称其职，民安其业，中国尊而四夷服，风雨时而嘉祥至，谅必有道矣。尔诸生皆学古通今，有志于用世者，其各直述以对，毋有所隐，朕将亲览焉。

对 策

臣对:臣闻帝王之御天下也,有致治之道,有保治之道。致治之道存乎法,保治之道存乎勤。非法无以维天下之势,非勤无以守天下之法。故创造丕图者,必立法以贻孙谋;嗣守鸿图者,必忧勤以绳祖武。曰纪纲,曰统体,曰制度,皆法之具也,而兴滞补弊则勤之实耳。创之者以法,则国势尊严而有以成长治之业。守之者以勤,则法度修举而有以跻至治之体。帝王御天下之道,夫岂有外于此乎?夏商周之治所以卓冠千古,以其创之者其法善,而守之者其志勤也。汉唐宋之治不古若,庸非创之者其法有未善,守之者其勤有未至欤?

恭惟皇帝陛下,年当鼎盛,运抚盈成。昧爽临朝,惟祖宗之法是遵;甲夜视事,惟祖宗之法是鉴。临御以来,于兹二纪,贤才皆已举用,四海皆已无虞,保治之道盖已默得于圣心之妙矣。犹不自足,乃于万几之暇,延集多士,咨诹治道。首举三代汉唐宋之创业者而欲闻其纪纲、统体、制度得失之详;中举三代汉唐宋之守成者而欲究夫奋励有为,功业可称之实;末复以祖宗列圣之所以创守为言,而虑夫成法之弊,拳拳以法祖为念,期于吏称民安,中国尊而四夷服,风雨时而嘉祥至。臣伏而读之,有以见陛下知创业之惟艰,念守成之不易,而欲保熙皞之治于无穷也。臣请稽之经,订之史,按之当今之务,为陛下陈之,陛下幸垂听焉。

臣闻天下重器也,创之至艰,守之至艰。创之而不知所以创之之道,则无以垂治于百土。守之而不知所以守之之道,则无以保治于万世。创之之道无他焉,臣前所谓法是已。守之之道无他焉,臣前所谓勤是已。盖法者维持天下之具,故帝王创业必建立纪纲,经画统体,条陈制度,以尽天下之法,以贻子孙之谋,以为长治久安之计。自家而国,自国而天下,彼此相维,内外相制,如身之使臂,臂之使指者,纪纲之谓也。或尚宽大,或尚严明,以此而始,以此而终,不朝文而暮质以自溃乱者,统体之谓也。治教、礼乐、田赋、兵刑之类,所以经纬天地,黼黻民物者,制度之谓也。然先王之法必有偏而不起之处,故政有眊而不行。守成者欲保盈成以跻至治,又必勤励不息,兴其滞以补其弊,然后天下之法可以施诸罔极,先王之泽可以被及斯民,而世为有道之国矣。

臣请以创之法言之。禹之造夏,有典则以贻子孙,观其文命四敷,声教四讫,则有以立乎纪纲。政尚忠朴,治先勤俭,则有以定乎统体。至于建官二百,内辟三千,设六师以讨罪,辨三壤以成赋,天秩有礼,大夏有乐,教民以序,正朔以寅,其制度又无不备。禹之立法贻谋,其善如此,夏之治安于此乎致矣。汤之造商,昭大德以裕后昆,观其肇修人纪而九有有截,则纪纲以立,代虐以宽而兆民允怀,则统体以定。至于建二相以总百官,制官刑以儆有位,公田籍而不税,大辂质而得中,国老养于右学,庶老养于左学,其制度亦无不备。汤之立法贻谋其善如此,商之治安于此乎致矣。若夫周之文武启佑后人,咸正罔缺,风化基于关雎,内庭属于冢宰,枢机周密,有以为四方之纲,明德而不敢忽,慎罚而不敢滥,仁爱中厚,有以为一代之体。其建官也,六卿分职;其制刑也,三典诘奸。田赋有乡遂都鄙②之殊,军赋有乡遂丘甸之异。语礼乐则五礼以节民性,六乐以和民声。语教化则三物以兴贤能,四术以造俊秀。制度之备又何如也?周之治安何莫而不本于立法贻谋之善乎?下逮汉唐宋,创业之君非不欲致治如三代也,但其法有未善耳。汉之高帝大封同姓,委任大臣,以规模为纪纲;约法顺民,扫除烦苛,以宽仁为统体。命萧何次律令,命叔孙通制礼仪,章程定于张苍,军法申于韩信,所以贻谋者又有制度矣。然人纲虽正而终不能无杂伯之非;大体虽宽,而卒不能除参夷之令。庶事草创而井田不复,学校不兴,礼文多阙,而正朔不改,官名不定,则其法不能以皆善也。唐之太宗除乱致治,四夷宾服,庶乎知立国之纪纲;屈己从谏,仁心爱人,庶乎知为政之统体。以职事任官,以尊本任众,以租庸任民,以府卫任兵,礼制于房玄龄,乐作于祖孝孙,六学有领,五刑有覆,所以贻谋者又有制度矣。然内多惭德,有夷狄之风;渐不克终,来诤臣之疏。法度之行,礼乐之具,拟之先王未备;田畴之制,庠序之教,拟之先王未详,则其法不能以皆善也。至若宋之太祖以忠孝廉耻为纪纲,而五事之美,千古所无;以偃兵息民为统体,而五季之弊,一朝顿解。两府台谏,官之总察有方;三衙四厢,兵之简阅有道。幸学有训,均田有令,而教养之法可观;温叟制礼,和岘制乐,而礼乐之文可取。又有制度以贻谋矣。然宗室则无选举、教训之实,宿卫则聚卒伍、无赖之人。官司之课试不严，学校之作成无要。兵士每杂于疲老，农民常苦于征徭③。其法又岂能尽善哉！由是观之，则圣策所谓纪纲、统体、制度得失之详，可得而知矣。

臣请以守之之勤言之。夏当有扈违命之时，三正怠弃，五行威侮，禹之法不能无偏而不起之处也。启则敬承继禹之道，而奋励有为，兴滞补弊，召六卿以行天讨，申赏罚以肃人心，卒使民被先王之泽，而讴歌有归，有夏盈成之治以勤而保矣。商自盘庚既没之后，赏刑僭滥，荆楚叛背，汤之法不能无偏而不起之处也。高宗则监于先王成宪而奋励有为，兴滞补弊，求良弼以代王言，衰荆旅以昭殷武，卒使民被先王之泽而小大无怨，有商盈成之治以勤而保矣。至若周自厉王之烈，小雅尽废，而四夷交侵，上帝板荡，而下民卒瘅，文武之法不能无偏而不起之处矣。宣王由是奋励有为，兴衰拨乱，车攻复古，明文武之功业，六月出师，复文武之境土，卒使王化大行，流离还定，周之盈成何莫而不保于兴滞补弊之勤乎？下逮汉唐宋守成之君，非不欲保治如三代也，但其勤有未至耳。汉之宣帝、光武庶几法祖之君也。或承武昭虚耗之弊，而综核名实，信赏必罚，伸威北狄，功光祖宗。或鉴西京不竞之祸，而明慎政体，总揽权纲，身致太平，恢复前烈，其兴滞补弊之功业有可称者。惜夫神爵之后颇尚荒唐，建武之中竟行封禅，则其勤有未至焉。唐之玄宗、宪宗庶几法祖之君也。或革前朝权威之弊，而励精政事，开元之际几致太平。或征德宗姑息之祸，而纪律必张，元和之初威令复振。其兴滞补弊之功业有可称者。惜夫天宝之末嗜欲滋生，平蔡之后佚心遽动，则其勤有未至焉。至若宋仁宗承宫闱传政之后，裁抑侥幸，锐意太平。神宗当累朝委靡之余，勤俭有为，励精求治。亦可谓善法祖宗，而兴滞补弊之功业有足称者。惜夫一则仁柔有余，刚断不足，一则听言太广而进人太锐，其勤又岂能至哉！由是观之，则圣策所谓奋励有为，功业可称之实，可得而知矣。大抵三代之法尽善尽美，故其子孙有所据依而为治也易。至于政弊，然后变其小节，而其大体卒不可易。汉唐宋之法不过因陋就简，以苟一时之近功。其善者常寡，而不善者常多，其善者常小，而其不善者常大，立之未几，而弊已随之。后世之君区区攸补，百孔千疮，随乱随失，虽欲言治，皆苟而已。

洪惟我太祖高皇帝混一区宇，建制垂宪，而法之贻于后者至精而至备。太宗文皇帝定鼎两京，讦谟定命，而法之光于前者愈盛而愈彰。请举其大者言之。宫闱雍肃而无出阃之言，左右忠勤而谨戴盆④之戒。任府部为股肱，而事权不紊。倚台谏为耳目，而国论有归。宗子分封，以广维城之助。三司并置，以革藩镇之专。申明典常，而有以正天下之大谊。诛逐胡虏，而有以严天下之大防。则纪纲之善无异乎三代矣。治本人情，而广孝悌之化。仁同一视，而无南北之殊。施猛政以济宽，用重典以平乱。惠鲜鳏寡，贪墨之加者必惩。怀保小民，豪强之凌暴者不贷。则统体之善无异乎三代矣。至若审官立铨选考课之方，育才设学校科目之典。财以足国，而赋税漕运有其经。兵以卫民，而番上分屯有其备。礼仪有式，宴享有章，而和敬之风以著。令教于先，律齐于后，而钦恤之意攸存。则制度之善又无异乎三代矣。祖宗之所以创业者其法既善，自是而后，若仁宗昭皇帝之励志图治，推诚任人。宣宗章皇帝之偃武修文，五伦攸叙。英宗睿皇帝之乾刚独断，克复旧物，莫不以勤而继守之。传至陛下，又能绍列圣之忧勤，守祖宗之成法，斯民乐育于熙皞之治者盖已百二十年，虽三代治安之长久不是过矣。

圣策乃谓治极而弛，理势自然。祖宗之良法美意，岂能悉祗承而无弊？臣知此固圣人忧勤不已之心，臣敢不俯陈狂直以副圣心之万一乎？臣惟法之立也，本无不宜；法之行也，始有其弊。因其弊而救之，则存乎其人。古人有言曰：救弊者莫如修德。又曰：救弊者莫如责实。臣愚窃谓今日救时之急务，亦惟修德责实，益致其勤而已。盖德者，法之本也。德之修万一有不慎，则其之流之弊，必至于纵欲以败度。譬之人伤其气而寒暑易侵，木伤其根而风雨易折。法虽具也，亦徒法而已矣。实者，名之主也。实之责万一有不核，则其流之弊，必至于欺谩以成风。譬之抟⑤土为舟不足以利涉，画地为饼不足以克饥。名虽美也，亦虚名而已矣。故以舜之重华协帝，而伯益犹以罔失法度为言。以舜之庶绩咸熙，而皋陶犹以屡省乃成为戒。正以无虞之世，其修德责实之功不可少怠耳。今陛下防非窒欲，恪守旧章，任贤使能，大明黜陟，所以修其德而责其实者，固不可以有加矣。而臣子之心每以有加无已而望陛下，此臣所以拳拳以勤为献也。况我祖宗之法莫不以勤而创之。臣尝观祖宗之谕近臣有曰："朕念创业之艰难，日不暇食，夜不安枕。"又曰："人君理万几，怠心一生则庶务壅滞，其患不可胜言。"又曰："天下之大，庶务之殷，岂所须臾怠惰，一怠惰则百度弛矣。"凡皆勤之准的也。陛下既知拳拳以法祖为念，又可不法祖宗之勤乎？臣请以勤之说，为陛下别白而重言之。

夫君者，天也。天惟聪明刚健，动而不息，是以其光为日月，其文为星辰，其威为雷霆，其泽为雨露，而万物之生于动者，各得其职。天之行也，一息有不继则运动无常，而不能以宰万物矣。人君之御天下，以其能宪天，聪明体天，刚健而拳拳焉勤励不息也。一或怠焉，则德有不修，实有不责，先王之法委摩废放，日趋于弊而已，又安能保天下之治哉！臣愿陛下所其无逸，罔或不勤，宪天之聪明以为聪明，体天之刚健以为刚健。一念之萌，必谨而察之曰：此于吾法得无有所害乎？一令之出，必反而思之曰：此于吾法得无有此紊乎？无所害也，无所紊也，然后从之，不然不敢从也。如是则人欲净尽，天理昭融，圣德益修，而所以救弊者有其本矣。由是条天下之事，其大者有几。表天下之人，其可用者有几。鸡鸣而起曰：吾今日为某事用某人。他日又曰：吾所为某事，其事果济矣乎？所用某人，其人果才矣乎？事果济也，人果才也，然后已之，不然不敢已也。如是则为之而成，革之而服，名实相须，而所以救弊者有其要矣。陛下于是二者果能拳拳焉，不违于心，则勤之实以尽。内外百司，群工庶职，孰敢不体陛下法祖之心，奋励熙载，恪守典训而慎行之乎？以是守祖宗之纲纪，必能开众正之门，杜群枉之路。威福得以专，而无侵挠之患；政事得以修，而无阿私之失。以是守祖宗之统体，必能存仁厚之风，行宽大之政，垂旒黈纩而黜其聪察，藏疾纳污而务于包涵。以是守祖宗之制度，必能惜名器，公用舍以精吏治；必能重师儒，慎科责以正士风。理财也，必能罢无名之征，停不急之务。理兵也，必能稽私役之卒，征贿求之将。礼乐则必能革奢僭之习，放淫哇之声。刑政则必能除惨刻之科，重威福之罚。将见滞无不兴，弊无不补，今日之急务无不治，良法美意可以祗承而无偏失不举，名存实爽之议。由是而吏称其职，由是而民安其业，由是中国尊而四夷服，由是风雨时而嘉祥至。凡陛下所期无不如志，可以保盈成于万世之久，可以跻至治于三代之上矣。区区汉唐宋之功业，乌足言哉！

陛下之所以策臣者大略如此，而于其终复策之曰：诸生学古通今，有志于用世者，其各直述以对，无有所隐，且宠之以朕将亲览之一言。臣荷陛下生成之德，沐陛下教养之恩，学虽不足以通经，而志于用世也久矣。今幸一登文石之陛，陟赤墀之途，承问而对，臣之职也；直言无隐，臣之忠也。况陛下导臣而使之言哉！臣复有一言以为陛下献者，惟欲陛下终始以勤而已。昔周公之于成王有无逸之戒，宋璟之于玄宗亦有无逸之图。二臣之言初非有异，二君之治乃有不同。盖成王听周公之言而无间，故卒至凫鹥之休；玄宗用宋璟之言而不终，故卒成天宝之祸。是则人君之治，莫不兴于勤而废于逸，人君之勤鲜克善其始而慎其终。此前代彰灼著明之效，有国者不可以不慎也。伏愿陛下以成王为法，以玄宗为戒，以臣之言为不欺，慎终如始，不敢逸豫，则祖宗之法有不难守，天下之治有不难保矣。惟陛下留神省览，果如圣谕，则臣之幸也，宗社之福也，天下万世无疆之休也。臣干冒天威，不胜战栗之至。臣谨对。

注释

①奋发努力，把先帝的事业发扬光大。 ②旧时天子宗亲及公卿大夫的属地。 ③赋税与徭役。 ④即"戴盆望天"。头戴盆子而想看天上。比喻行动跟目的相反，愿望无法实现。 ⑤把东西捏聚成团。

赏析

对策以"法勤相济"为枢。全文以夏、商、周三代为经，汉、唐、宋得失为纬，立"致治在法、保治在勤"之论，既颂成祖"建制垂宪"的宏谟远略，又谏宪宗"修德责实"的治政隐忧。其文脉贯通《尚书》《周礼》，析纪纲、统体、制度三要，指陈汉唐"因陋就简"之弊，力倡"条陈天下事、表列可用人"的实务精神。在成化末年政弛民困之际，既承续仁宣"励精熙载"遗风，又暗讽"名存实爽"的吏治虚浮。对策尤重历史镜鉴，以成王纳谏、玄宗怠政为诫，主张"宪天刚健"的持续改革，将周公无逸之教引入皇权实践。文章叙述生动，论说周详，议论精当。

弘治十二年（1499）己未科

状元：伦文叙

策 问

制曰：朕惟自古圣帝明王之致治，其法非止一端。而孔子答颜渊问为邦，但以行夏之时，乘殷之辂，服周之冕，乐则韶舞为言。说者谓之四代礼乐。然则帝王致治之法，礼乐二者足以尽之乎？宋欧阳氏有言，三代而上治出于一，而礼乐达于天下。三代而下治出于二，而礼乐为虚名。当时道学大儒，称为古今不易之至论。今以其言考之，上下数千余年致治之迹具在，可举而论之乎？夫三代而上无容议矣。汉高帝尝命叔孙通定礼乐，召鲁两生不至，谓礼乐积德百年而后兴。厥后三国分裂，其臣有诸葛亮者，而世儒乃或以礼乐有兴，或以庶几礼乐许之。盖通与亮之为人，固不能无优劣，要之于礼乐能兴与否，亦尚有可议者乎？我国家自太祖高皇帝以神武创业，圣圣相承，百有余年。礼乐之制作，以时以人，宜无不备矣。然而治效之隆，未尽复古。岂世道之升降不能无异邪？抑合一之实犹有所未至邪？朕祇承丕绪，夙夜拳拳，欲弘礼乐之化，益隆先烈，而未悉其道。子诸生其援据经史，参酌古今，具陈之，朕将亲览焉。

对　策

臣对：臣闻若天下者，有致治之大法，有出治之大本。礼乐者，致治之大法也。天德者，出治之大本也。大本具而后大法可立，大法行而后大本以彰，本末相资，内外一道，不可以差殊劝也。然大法行于天下，非智术所能为。大本存乎一心，非掩袭所能得。必其性诸天者，浑然完具，初无一毫之亏欠，则其施诸治者，粲然明备，可以四达而不悖矣。苟法有未备，固无所恃以为治，而本之不纯，抑又何以立大法哉！《传》曰有天德，便可语王道，其以是欤？

饮惟皇帝陛下，禀神圣之资，际盈成之运，存心养性，以培植天下之根本者，无一日之不谨，化民成俗，以恢弘天下之治道者，无一事之不周矣。但善之可为，古人自以为不足，世虽极治，圣人犹以为未然，是以侧席求贤，临轩①策士，询臣等以礼乐之治。上稽唐虞三代之盛美，下逮汉唐宋之得失，暨祖宗创业垂统之善，今日保邦致治之规，诚有天下之远图，安天下之至虑也。顾臣学术肤浅，何足以语此？然有问而对者，臣之职；有怀必吐者，臣之愿。敢不罄一日之敷言，以答千载之奇遇哉！

臣惟天地之道至大也，阴阳之理至妙也，而造化蕴育，固未尝不著见乎两间。观其物各付物，而不可以强同，则天地所示者，一自然之序而为礼也。缊缊化醇，而不容以独异，则天地所示者，一自然之和而为乐也。惟古之圣帝明王，与天地合德，与阴阳同运，履中正而大本以立，乐和平而大本以端，于是以一身之中和，为天下之中和，以一人之礼乐，为天下之礼乐。辨方正位，体国经野，设官分职，以立天下之纪纲；一制度，异好尚，明等威，正称号，以至定天下之名分；用天时，因地利，揭天常，立人纪，以广天下之政化。以至亲疏小大为之体，朝会交际为之期，宫室器用为之饰，吉凶哀乐为之节，以备天下之典。则使天下之事，莫不各得其序，而人乐以持循，夫是之谓礼。天下之物莫不各适其和，而人兴于鼓舞，夫是之谓乐。礼乐备，而天下之治毕矣。故孔子答颜渊为邦之问，不过以夏时、殷辂、周冕、韶舞为言。尹焞因谓之四代礼乐，则凡古今致治之法，皆不出于礼乐二者。而礼乐之外，安复有所谓治法者哉！降及后世，求治无本，如摭其文，以用于郊庙朝廷之间，不推其意，以及于闾阎里巷之下。宋儒欧阳修谓三代而上，治出于一，而礼乐为虚名，大儒朱熹因谓万世不易之至伦，良有以也。

臣请得而论之。尧舜禹汤文武之圣，精一执中，皆极夫渊微之妙，建中建极，皆纯乎义理之天。惟其为德之纯，故政事之所修明，明化之所旁达，虽未尝明言礼乐于天下，而其变通之宜，衣裳之垂，玑衡②之察，玉帛之修，与夫钦昊天而授人时，画井田而备封建，昭典礼而严命讨，祀神祇而奠山川者，率皆礼乐之用也。虽未尝显礼乐于四方，而其文命之敷，人纪之修，咸和之用，由旧之政，与夫关石和钧，其于王府，正朔服色，易于革命，九一世禄，行于治岐，五教三事，重于武成者，率皆礼乐之行也。盖不出乎经世宰物之典，而得鼓动作兴之机。不外乎民生日用之常，而寓渐摩诱掖之道。所治莫非教，所教莫非治。政治礼乐，初无二途。是以二千年间，经制大备，政教大同，礼乐之化，自国家以布濩乎天下，自朝廷以流及于万国。咸有以沦人肌肤，浃人骨髓，致人人有君子之行，比屋有可封之俗者，合唐虞夏商周，而同一彻焉。所谓治出于一，而礼乐达于天下者，以其治之有本故也。

若汉唐宋之君，具宽大之德者，不如尧舜之至仁；抱英雄之略者，类非汤武之大勇。惟其德之不纯，故虽制礼作乐之命，后先相闻，蒉仪审音之奏，影响不绝。然徐考其所务以为治者，则九章之法，十五之税，南北之军，以为开基之伟制；习射殿前，更定律令，减省吏员，以为贞观之政要；收藩镇之权，严兵将之选，定覆奏之狱，亦视为立国之规。朝夕从事，以为治民之政，至其制作所成，谋议所定，则杂就之仪，掌于太常，大风之歌，奏于原庙。事文具，则著贞观之仪。耀武功，则崇七德之舞。刘温叟所定，犹杂先朝之迹。和岘所奏，未谐声气之元。另其名目，以为礼乐之教，是皆求治于抑勤操切之余，而不知其陷于俗吏之非，立教于声容器数之末，而不知其流于文史之伪。所治非所教，所教非所治，政治礼乐，歧为二致。是以千有余年，经制荒忽，政刑苛紊，置先王之粗迹，以为有司之藏，采古法之遗略，以备斯须之用。妖声艳辞，无补于时政之缺失。虚饰美观，莫拯夫世变之下移。虽其享国，亦仿佛乎帝王之历年，而其风俗，则不逮帝王之季世者，合汉唐宋而一同暌焉。所谓治出于二，而礼乐为虚名者，以其治之无本故也。

汉高祖因群臣肆拔剑击柱之失，叔孙通行共起朝仪之请，乃曰可试为之，又曰度吾所能者为之，则其所求者固已非三代之典，而其所委者又复无九官之臣，此积德百年之语。所以来两生之却，而绵蕞野外之习，姑以微小就之功，则其君臣之所自许，与其志愿之所自足者，从可知矣。是其时虽若可乘也，而无可为之人，礼乐之所以不能兴也。诸葛亮感先主三顾之勤，而为两汉中兴之佐。立纲陈纪，而不为近图。广德率义，而不为小惠。庶政欲其精练，万事理其根本，则其施为之规，已得礼乐之遗意矣。使天祚汉，假之以年，将见开诚布公之治，虽未敢必其匹休前古，而光明俊伟之业，将有以决其度越后世矣。王通谓其礼乐有兴，程颢谓其庶几礼乐，岂无见乎？是其人虽若可为也，而无可乘之时，礼乐之所以不复兴也。

我国家自太祖高皇帝，以圣人之德，御圣人之位。用夏变夷，为民立极，酌古准今，以建一王之法，因时创制，以定万世之规。暨于列圣，率遵成业，以为永图。肆我皇上，益隆继述，以期光大华夷一统。百有余年，固非蜀汉之偏安。重明继照，世德作求，下陋汉高之不学。是宜礼乐之道，掀天揭地，超出乎百代之表；礼乐之化，风行海流，大被乎九围之内。然《凫鹥》《既醉》之什，尚未歌于审音之瞽，而鸣条破块之变，容或纪于上事之臣。堂陛深严，而吁咈之风未著。教化流行，而禁网之密未舒。萑苻之扰，间见于潢池，纨绮③之习，下成于闾巷。治效之隆，未尽复古，诚有如圣谕所云也。将谓世道有升降之异耶？向使汉唐宋之君，有尧舜汤武之德，而其臣有皋夔伊周之贤，则王道著七制之书，未必为后世之僭经，而唐史赞文王之辞，亦遂为不刊之实录也。今以君明臣良之时，当重熙累洽之盛，所以时平世道者，特在陛下决取舍之机，而所以维持世道者，亦在大臣竭赞成之力耳。复古之治，臣切望焉。若谓合一之实有未至耶，则我祖宗为治之道，即礼乐之道，陛下保治之法，即礼乐之法，固无所谓出于二矣。但其道至大，非一人之所优为。其法至广，非一日之所能尽。朴略于风气未开之时，不能不藻饰于人文渐著之世；草创于文武更始之初，不能不大备于成康继体之后。今求夫为治之实，其亦有不能尽合于一者乎？

伏愿陛下，上体天心，懋隆峻德，涵养情性，致极中和，以端出治之本，详审枢机，修明体要，以成致治之法。使天下之政，皆出乎天理之公，而后世人欲之私，有所不用。天下之务，皆由乎道义之正，而后世法禁之术，有所不行。殆见著于闺门，兴于朝廷，被于乡遂比邻，达于诸侯四海。自祭祀军旅，至于饮食起居，未始一日不在礼乐之中，亦无一人不被礼乐之化。所谓至礼不让，而天下治，至乐无声，而天下和。近可以匹休于祖宗，远可以比隆于前古，而汉唐宋之治，不足言矣。虽然，出治之本，固在于德，而修德之本，则岂外于学哉！尤愿陛下，于退朝之暇，清燕之余，注意于圣经贤传之蕴，留神于古训时务之宜。端本澄源，以肃此心之敬。防微慎独，以闲外至之邪。御经筵，不徒事讲说之勤，必求夫明善诚身之实。开言路，不徒侈献纳之广，必尽夫省躬克己之诚。治乱兴衰之源，在所周知，民情物态之变，亦垂听览，则圣学聿新，治效随著，礼乐之用，达于天下而无间矣。尚何合一之实有未至，而复古之治有不成哉！

由是观之，帝王所以建致治之绩，于数千载之上者，此道也。祖宗所以隆致治之业，于百年之间者，此道也。然则陛下之所以光前振后，而绵亿万载隆长之绪，亦岂出于此道之外哉！臣学不足以稽古，而窃尝怀复古之思；智不足以知今，而未敢忘当世之务。故酌治道之中，为探本之论，以上尘圣览。惟陛下采择而施行之，匪惟愚臣之幸，诚宗社无疆之休也。干冒宸严，不胜恐惧战栗之至。臣谨对。

注 释

①皇帝不坐正殿而至殿前。殿前堂阶之间，近处两边有槛循，如车之轩，故称临轩。　②以玉为饰的天体观测仪器，即浑仪的前身。即璇玑玉衡的简称。此指天体的变化。　③带花纹的细绢，泛指生活奢华靡费。

赏 析

全文以"治本在德、治法在礼乐"立论，既颂太祖"用夏变夷"的礼乐创制，又谏弘治"世道未古"的治理隐忧。其文脉贯通《尚书》《周礼》,析三代"治教合一"之精微,斥汉唐"声器伪饰"之流弊,力倡"大本大法相资"的治国理念。在弘治中兴之际,既承续成化"稽古右文"遗风,又暗讽"禁网未舒"的吏治僵化。对策尤重历史镜鉴,以诸葛亮"立纲陈本"为典范,主张"修德端源"的帝王心学,将朱熹"天理人欲"之辨引入礼乐实践。其"礼乐达于闾巷"的民生视野与"防微慎独"的修身要义,为弘治朝局注入儒学革新活力。

正德六年（1511）辛未科

状元：杨慎

策 问

制曰：创业以武，守成以文，昔人有是说也。然兵农一致，文武同方，其用果有异乎？文武之分始于何时？兵民之判起于何代？尝质诸古矣，《书》称尧曰乃武乃文，于舜称文明，禹称文命而不及武，于汤称圣武而不及文，周之谟烈各专其一。且三代迭尚而不言武，周列四民而兵不与焉，何也？汉唐宋之英君令主，或创业而兼乎文，或守成而兼乎武，或有未备，亦足以善治。论者又谓天下安，注意相。又谓天下虽安，忘战则危。是治兵之道，果与治民者同邪，异邪？我太祖高皇帝以圣神文武统一天下，建官分籍，各有定制。列圣相承，率循是道，百五十年治定功成，实由于此。然承平既允，玩愒乘之。学校之法具存，而士或失业；蠲货之诏屡下，而人多告饥。流徙之余化为寇贼，以遗朕宵旰之忧。今赋税馈运①，民力竭矣，而军食尚未给；调发战御，兵之力亦劳矣，而民患尚未除。或者官非其人乎？而选举之制，黜陟之典，赏罚之令，亦未始不加之意也。兹欲尽修攘之实，谨恬嬉②之戒，文治举而武功成，天下兵民相卫相养于无事之天，以保我国家久安长治之业，宜何如而可？子大夫志于世用，方策试之日，不暇以微辞隐义为问，姑举其切于时者，其为朕陈之。

对　策

臣对：臣闻帝王之御天下也，有出治之全德，有保治之全功。文武并用，出治之全德也。兵农相资，保治之全功也。于并用而见其同方，则天下之政出于一，而德为全德。如日月之在天，凡所以照临者，胥天之德也。于相资而见其一致，则天下之治出于一，而功为全功。如手足之在人，凡所以持行者，皆人之功也。由是联属天下以成其身，纲维其道，以适于治，体统相承而无偏坠不举之患，本末具备而无罅隙可议之疵，放之四海而皆准，传之万世而无弊，帝王为治之要，孰有加于此哉？臣自少读帝王之书，讲帝王之道，窃有志于当世之事。然学焉而不敢言，言焉而不达。今幸近咫尺之威，立方寸之地，制策所及者，皆是道与是事也。臣敢不罄一得之愚，以为万分之助乎！

伏睹圣问，首曰："创业以武，守成以文。"而又曰："文武同方，兵农一致，果有异乎？"臣惟三代而上，同一道也，戡乱则曰武，守成则曰文；同一民也，无事则为农，有事则为兵。初未始异也。在《易》明两作离，文明之象也。上九王用出征，有嘉。释之者曰："刚明及远，威振而刑不滥。"斯不亦可见文武之同方乎？地中有水，师。师旅之象也。而释之者曰："伏至险于大顺，藏不测于至静。"盖寓兵于农之意。斯不亦可见兵农之一致乎？是故一张一弛，号为善道，刚克柔克，协于皇极。周公冢宰，实兼东征。毕公为公，亦总司马。武夫堪腹心之寄，吉甫有文武之称。以天保治内而未尝无武，以采薇治外而未尝无文。文武固未分也。自秦不师古，专以武勇立国，语诗书者有刑，斩首级者进爵。民勇于战，皆忘生好利之人。士贱以拘，废干戈羽籥之习。至汉袭秦制，立丞相、将军，而将相之职异。唐宋以来，置中书、元帅、枢密，而军国之权偏。此文武之分出于三代之后也。成周之制，以田赋出兵。一井之田，出戎马四百匹，兵车百乘。一封之田，出戎马四千匹，兵车千乘。畿方千匹，畿封万井，出戎马四万匹，兵车万乘。自五人为伍，积而为两为卒。自五卒为旅，积而为帅、为军。天子之六卿六军，诸侯之大国二军，次国二军，小国一军，而降杀有等焉。一方有事，则命将出师，迨功成献俘，将归于朝，即守职之吏。兵散于野，即缘亩之农。兵农固未判也。至管仲相齐，欲速图霸业，乃坏周兵于内政，分国中以四乡，使国中之民为兵，鄙野之民为农。兵不服耒耜之勤，民不识干戈之具。以至勾吴之群，秦昭之锐士，成周之制，变易尽矣。此兵农之判于三代之衰也。载质之诗书所称，古之帝王，未有不兼文武之德，均兵农之功者。称帝尧者曰：乃武乃文。四表之被，即所谓文。丹水之战，则所谓武也。舜之诛四凶，禹之格有苗，固可以武功名，而亦文明、文命之余事也。布昭圣武，见于《伊训》。然圣谟嘉言，谓非文武之全欤？文谟武烈，称于《君陈》。然整旅伐崇，下车访道，二者正未始偏废也。三代迭尚，曰忠，曰质，曰文，而不及武者，盖言忠、质、文则武固在其中。必以武言，则是秦之所尚，而非三代之治矣。周列四民曰士、农、工、商，而兵不与者，即臣前所陈寓兵于农之说。专以兵言，是为后世之制，而非成周之旧矣。

汉唐宋之君，如光武之投戈讲艺，太宗之身兼将相，庶几创业而兼乎文。其未备者，如汉高之不事诗书，而规模宏远，盖其宽仁大度，暗合乎道，况能善陆贾文武并用之言乎？孝武之封狼居胥，宪宗之平淮西、西蜀，庶几守成而兼乎武。其未备者，如仁宗之时，西夏猖獗而致四十二年之太平，盖其深仁厚泽培植国本，况能用韩范儒者之将乎？陆贾之言曰："天下安，注意相。"则在承平时，不可不修文德。放曰："人君以论相为职。"又曰："将特大有司耳，非比也。"司马法曰："天下虽安，忘战必危。"则在承平时，不可不饰武备，故曰："君子以除戎器，戒不虞。"又曰："圣人贵未然之防。"是知兵以卫民，民以给兵，治兵乃所以镇兵，讲武即所以偃武。治兵之与治民，亦异而同也。汉之军制以南北分，南军主环卫王宫，北军主巡绰京城。有骑士，有材官，与夫南北之车骑，东南之楼船，临淄之弩手，荆楚之剑客，皆仰给于县官，而不编于齐民。识者惜其去古未远，而不能复。此汉之治民与治兵异也。唐府兵之立，其制最善。兵散于府，将归于朝，所以弭祸乱之原。二十为兵，六十而免，而民无久役之劳。三时耕稼，一时讲武，而兵无常聚之患。器甲出于民，衣粮出于民，而国无养兵之费。治民与治兵同，而论者许其为近古，良有以也。宋之制有三衙、四厢，诸总管钤辖诸将。然终宋世国威不振者，殆兵权失之轻，而兵民分之过也。由是言之，文武者，其名也；兵农者，其实也。三代而上，兵出于农，而文武不得不合。三代而下，兵判于农，而文武不得不分。夫苟知文武之所以同，则所以治民与兵者，不容以异矣。

洪惟我太祖高皇帝独禀全智，首出庶民，扫开辟所未有之污，复帝王所自立之地，武功之盛无以加矣。整人伦于用夏变夷之余，兴文教于拨乱反正之始。文德之盛，又何如哉！当时之建官也，科目则有文举武举，官联有文班武班，部属则有文选武选。当时之定籍也，常产则有屯田民田，户籍则有军籍民籍，官署则有州县卫所。然乾纲独断，无威柄下移之失；犬牙相制，无尾大不振之患。有事则共与机密之谋，无事则各掌兵民之寄。在京有司马以提督军营，在外有宪臣以总制边务，臬司有兵备之权，县吏专巡捕之职。名若分而实则相属，职若判而任则相维，保治之法，盖与三代而同符也。至若太宗表章经史，而外清朔漠之尘。宣宗崇重儒臣，而出平汉邸之变。列圣相继，益懋益敦，百五十年来固皆以文致治，而庙算不遗，神武不杀，伟列宏功照耀简册，寿国脉于箕翼，安国势于磐石，斯世斯民，盖有由之而不知者。恭惟皇帝陛下，保富有之业，思日新之图，阅历熟而见理明，涵养深而持志定。垂衣拱手而天下向风，动颜变色而海内震恐。疆场之虞扑之于方炽，萧墙之梗消之于未形。君子洗心以承休德[3]，小人延颈以望太平。而皇心谦冲，谓承平既久，玩愒随之。臣伏读至此，有以知陛下出治之全德，保治之全功，可因此一念而举矣。

臣窃以为陛下求治之心甚至，而奉行者，或有所未至焉。夫学校者，风俗之首也。程颢谓：治天下以正风俗，得贤才为本。使主学校者皆得其人，教之之法，悉如阳城之在国，胡瑗之在湖学，一道德以明礼义，尊经术以定习尚，不荒于嬉而毁于随，则淳厚之风可臻，而士之失业者，非所忧矣。民者国本所系，邵雍谓：宽一分则民受一分之赐。所以宽之者在朝廷，而近民者莫切于守令。使为守令者习得其人，养之之法，悉如黄霸之在颍川，张咏之在益州，遵奉诏条宣布德意，不以简丝先保障，不以抚字后催科，则因革之俗可期，而民之告饥者，非所忧矣。流徙之余，聚为盗贼，亦由教之无法，养之无紊故也。以人情言之，盗贼亦人耳。人莫不爱其筋力肌肤也，莫不爱其父母妻子也，莫不爱其田庐赀产也。在上者，不以无益之工役苦其筋力，不以不中之刑罚残其肌肤，不以流离病其父母妻子，不以诛求损其田庐赀产，则彼岂不自爱以蹈必死之地哉？今潢池弄兵、绿林称号者，在在有之。赋税之过，春支秋粮。馈运之弊，十室九空。农事在所当重也。迩者出内帑银二十万两，以济西蜀之军储，爱民可谓深矣。臣愚以为，本土之蓄积宜自足用。昔人有言："兵务精，不务多。"今为将者，兵每务多，而财馈每患其寡。兵既多，则财馈不得不多，财馈既多，则民力不容以不屈。是民以养兵，而亦不可反为兵困也。调发之伍，动以千百，战御之功，十无二三，兵政尤所当急也。迩者发京营兵三千骑以平山东之反侧，御患可谓切矣。臣愚以为，本土之壮士，宜自可用。昔汉击匈奴，用六郡良家子，盖其熟知险易，力卫桑梓，比之他方所调发，一可当百。况京兵一出，既有行迹，居饷之劳，亦有居重驭轻之戒，固可权其宜于一时，而非可继于旬月。是兵以卫民，而亦不可过为也。

圣问又谓，或者官非其人。臣愚以为一代之才，自足以周一代之用，特患用之不得其道耳。用之诚得其道，则贪可使也，诈可使也，况蕴德行而志功名者乎？选举之制公矣，宁无腐儒而当事局，历济④而投散地者乎？黜陟之典当矣，宁无冗食备员之辈，隐贤遗才之叹乎？赏罚之令明矣，宁无滥竽而受赏，戴盆而免罚者乎？诚使官各尽其人，才各尽其用，人人有忘私之公，事事有爱国之诚。彻桑土于未阴之时，徙积薪于未火之日。一郡有警则旁郡切震邻之忧，一时有警则先时思噬脐之悔，敌至不惧，敌去不侮。不因人成事而老吾之师，不旷日持久而匮吾之财。内修外攘之实，必尽于条教之外，文恬武嬉之弊，必作起于玩习之余。则文德之敷，云行雨施；武节之建，雷厉风行。远可以复帝王之善治，上可以光祖宗之谟烈，国家亿万年之历，可以配天地于无穷矣。臣愿陛下益崇此德，益保此功，存无怠无荒之心，为可久可大之道。惟万几之暇少加意焉，则凡所以策臣者，可次第而举矣，何暇于多言为哉！臣干冒天威，不胜战栗之至。臣谨对。

注 释

①运送粮食。　②嬉戏逸乐。　③美德。　④有作为的人。

赏 析

对策以"文武相资"为枢，以三代兵农合一为经，汉唐制度流变为纬，立"全德全功"之论，既颂太祖"文武并用"的创制宏谟，又谏武宗"玩惕随之"的军政积弊。其文脉贯通《易》《书》，析府兵制之精要，斥宋制分离之弊政，力倡"兵农相养"的治理理念。在正德朝局动荡之际，既承续弘治"崇文重教"遗风，又直面"流民为寇"的社会危机。对策尤重实务分析，以黄霸治颍川、张咏镇益州为范，主张"本土蓄兵"的务实策略，将邵雍宽民思想融入赋税改革。

嘉靖四十一年（1562）壬戌科

状元：申时行

策 问

制曰：朕惟自昔帝王，莫圣于尧舜。史称尧舜垂衣裳而天下治矣。然当其时，下民犹咨，洚水为灾，有苗弗率，则犹有未尽治平者。岂二帝同弗之恤欤？抑其臣任之于下，而上可以无为？不然，何以垂衣而治也？三代莫盛于成周。宣王中兴，《诗》称召伯平淮夷，方叔征蛮荆，吉甫伐猃狁，惟得其人以分命之，是以不劳而治。朕常嘉之，甚慕之。朕抚天下四十有一年于此矣，夙夜敬事上帝，宪法祖宗，选任文武大吏之良，思与除民之害而遂其生，兢业不遑，未尝有懈。间者水旱为灾，黎民阻饥，戎狄时警，边围弗靖，而南贼尤甚，历时越岁，尚未底宁。岂有司莫体朕心，皆残民以逞^①，有以致之欤？抑选任者未得其人，或多失职欤？将疆围之臣，未能殚力制御玩寇者欤？夫朕有爱民之心而泽未究，有遏乱之志而效未臻，固以今昔不类，未得如古任事之臣耳。兹欲使上下协虑，政事具修，兵足而寇患以除，民安而邦本以固，灾咎可弭，困穷可复，以媲美虞周之治，其何道而可？尔诸士悉心陈列，勿惮勿隐，朕将采而行焉。

对 策

臣对：臣闻帝王之御极也，体君道以奉天心，而后可以建久安长治之业。肃臣纪以奉天职，而后可以成内修外攘之功。何则？人君者，天之所授，以统一万方，而临驭兆民者也。其位尊，其任重，故君道常主乎逸。人臣者，天之所命，以左右一人，而分理庶政者也。其分卑，其事赜②，故臣道常主乎劳。君能奉天以端拱于上，而以其事责诸臣，则无为而化成，不言而功著。若于穆之运，玄机之宰，不假于推迁之力，而自然遗物者矣。是谓能奉天心，而久安长治之业可建也。臣能奉君以奔走于下，而以其身致之君，则同心以共济，协忠以体国，若四时之佐，五行之吏，各效其宣布之能，而罔有违天者矣。是谓能奉天职，而内修外攘之功可成也。不然，则一人之身，万几攸萃，安能一一而理之？而庶官之众，各有司存，能不蹈于瘝旷③之咎哉？故君必率臣以图久安长治之业，臣必辅君以树内修外攘之功，则和气溢而宇宙清宁，理道昌而民物康乂。顺治于内，而万方弘一统之规；威严于外，而四夷效咸宾之美。巩国祚于苞桑之固，措天下于泰山之安，唐虞三代之治，不可复睹于今日哉！

钦惟皇帝陛下禀刚健中正之资，合阴阳动静之德，际熙洽御天之运，膺寿考作人之符。精诚格乎穹昊，而瑞应骈臻；妙道契乎玄元，而休征毕集。盖媲美唐虞而超越乎三代者。臣窃伏草茅，沾被圣泽久矣。乃者叨有司之荐，得以与对乎大廷。而圣问所及，特拳拳焉，首述唐虞成周之治，继悯水旱盗贼之灾，任事失人之咎，而终究夫足兵安民之术，弭灾救困之方，且戒臣等以勿惮勿隐也。大哉皇言，忧国忧民之心见乎词矣。敢不披沥愚衷，以对扬于万一邪？

臣闻之《书》曰："元首明哉，股肱良哉，庶事康哉。"言明君在上，而又有良臣以左右之，则庶事可理也。又曰："惟天聪明，惟圣时宪，惟臣钦若。"言君能宪天，而为臣者自敬顺之，罔敢或悖也。是故君为元首，而宪天于上，则法天以为聪，而居高听卑，可以不劳而坐听天下。法天以为明，而临下有赫，可以不劳而坐照四方。是君者，法天道以无为者也。臣为股肱，而钦若于下，则代君以用其聪，而天下之利病，皆通达而无所塞；代君以用其明，而斯民之休戚，皆洞察而无所遗。是臣者，奉天职以有事者也。是故唐虞之世，万邦咸和矣，四方风动矣，文明之会昌矣。尧舜以聪明极圣之主，默运无为之治，而又有禹皋稷契伯益之臣，共佐太平之业，故下民之其咨也，洚水之为灾也，有苗之弗率也，尧舜非不之恤也。惟其忠良之佐，足以赞皇猷；弼直之邻，足以弘帝道。以恤阻饥则有率育之臣，以拯昏垫④则有克勤之臣，以格负固则有赞德之臣。诸臣者，其奉君如奉天也，孜孜焉同寅协恭，罔敢怠遑也。故尧舜虽有旰食之忧，而终得以享垂衣之治。至今称中天之盛者，必曰唐虞，此尧舜得臣之明验也。周宣之世，海内乂安矣，国势浸隆矣，文武之业复矣。宣王以聪明有道之君，嗣守无疆之业，而又有召虎、方叔、吉甫之臣，夹辅中兴之治。故淮夷之猖乱也，荆蛮之不靖也，玁狁之虔刘也，宣王非不之虑也，惟其位元宰者才兼乎文武，总元戎者勋联乎将相。有宣威江汉之臣，而淮夷率俾；有壮猷南国之臣，而荆蛮来威；有薄伐太原之臣，而玁狁于让。诸臣者，其事君亦如事天也，惴惴焉矢心协力，罔敢戏豫也。故宣王有继述之思，而终以成再造之绩。至今称中兴之盛者，必曰成周，此宣王得臣之明验也。尧舜宣王之为君，法天道以无为。而唐虞成周之臣，奉天职以有事。则所以达久安长治之业，成内修外攘之功者，岂偶然哉！

臣伏观陛下临御以来，四十有一年矣。上帝之申眷，不为不隆，而诚敬愈笃。祖宗之成业，不为不固，而仁孝愈纯。钦天有记，以表昭事之忱。祖德有诗，以发聿追之念。至于虑切民恫，任专吏职，责成于守令矣，而巡督之臣，岁不绝遣；外付托于将帅矣，而总制之命，任必加隆。无一念不在于民瘼，无一言不轸乎国虑。臣有以仰窥陛下之心，即尧舜之心，而周宣不足侔也。于今诸瑞咸集，四灵毕至，固足以彰陛下之峻德鸿勋，超卓百代矣。然淫潦⑤为灾，则町畦⑥有垫溺之苦；亢旱为虐，则阡陌有枯槁之忧。倭夷窃发于东南，而海波弗靖；丑虏跳梁于西北，而边尘屡惊。甚则辽蓟之势，日就孤危；而江右之贼，岁成延蔓。殊非圣世之所宜有者，正尧舜忧民之时，周宣励精之日也。

臣伏读圣制有曰："间者水旱为灾，黎民阻饥，戎狄时警，边圉弗靖，而南贼尤甚，历时越岁，尚未底宁。岂有司莫体朕心，皆残民之道，有以致之欤？"陛下之言及此，万国万民之福也。臣窃观内外诸臣，凡折圭儋爵，结绶分符者，孰非陛下之宠荣乎？凡拥旄杖钺，制阃握兵者，孰非陛下之威灵乎？谓宜夙夜匪懈，寝处不遑，布宁谧之化于域中，扬振肃之威于阃外，不负天子而勿为圣世之瘝官也。然各私其身者，罔致恤于民依。各利其家者，莫究心于国事。内而守令藩臬，固必有旬宣惠和，忧勤抚字之臣矣。然而肥己瘠民，营私蠹国，以催科聚敛为能，以簿书期会为急者，亦多有之也。外而营屯督府，固必有敌忾鹰扬，严明果毅之臣矣。然而坐失机宜，轻损威重，隐败衄以为捷，幸安静以为福者，亦恒有之也。人臣咸若是，则何以成内修外攘之功，而佐久安长治之业哉！盖陛下爱民之心，容保如天地，而诸臣不能承宣德意，以弘康国之猷。陛下遏敌之志，果决如雷霆，而诸臣不能奉扬威命，以茂肃清之烈。是自负于尧舜成宣之主，而有愧于唐虞成周之臣多矣。

及读圣制终篇有曰："兹欲使上下协虑，政事具修，兵足而寇患以除，民安而邦本以固，灾咎可弭，困穷可复，以媲美虞周之治，其何道而可？"臣愚以为，上者下之表也，政事者臣之纪也。足兵以除寇，将帅之责任也。安民以固国，守令之职业也。灾咎之有无，困穷之复否，皆由此出者也。为今日计，莫先于任人，尤莫要于择人。夫国家分职命官矣，即列郡专城，遐陬僻壤，莫不置吏，盖未尝不任人也，臣以为任之而未当也。国家举贤敛才旧矣，即铨司法曹，明黜显擢，罔有违例，盖有未尝不择人也，臣以为择之而未精也。任之未当与择之未精，而欲得人以俾圣治，是犹楩梓未充，而需栋梁之用，穮芟⑦弗习，而希稼穑之成，臣知其弗能也。故夫欲修内治者，在慎择乎守令而已矣。欲平外患者，在慎择乎将帅而已矣。董仲舒曰：守令者民之师帅，所使承流而宣化者也。守令而不得其人，虽日布蠲恤之令，时廑惠鲜之思，民犹不被其泽也。今也阃郡无文翁之化，而渔猎民资者接踵。邑里无鲁恭之风，而胺剥民膏者比肩。以牧羊而暴政日闻，以齿焚身而败官弗恤。郡县之民，几何不流离而攘窃也。必也精选用之法，严举劾之科。其未任也，试以经济之略，必求谙练民情，通达治体，而不拘选用之途，如唐试理人策可也。其既任也，责以久任之功，必使吏安其官，民狎其政，而不拘迁转之格，如汉之为吏长子孙可也。其任而获效也，优以格外之赏，必为之车服，崇之阶御，以彰卓异之勋，如汉之爵至关内侯可也。如是则有民有土之寄不轻，数迁数易之弊可免，而人知淬励，以期不负乎宠渥之恩矣，宁有守令失人之患哉！

孙武曰："将者，三军之命，国之重任，不可不知也。"将帅而不得其人，虽决策于九重，定计于千里，犹未可以临敌也。今也操练之律虽严，而士无投石超距之勇，衣粮之给如故，而将无搴旗陷阵之能。论战斗则缩颈而股栗，闻调遣则掩耳而口噤。边圉之寇，几何不肆行而窃发也？必也慎武举之选，严比试之条。有洞识兵机，明习边务者，材可任也，则不拘以骑射之习，如任杜预以平吴可也。有摧锋陷敌，决胜先登者，功可录也，则不绳以文法之细，如赦魏尚于云中可也。有保障一方，折冲万里者，权可假也，则不牵以中制之命，如委充国于金城可也。如是则真材不耻于武弁，良将不苦于约束，而人得展布以自效。夫捍御之能矣，安有将帅失人之患哉！有贤守令以宣德化于域中，则政治毕举，而内有顺治之休。有名将帅以扬威灵于阃外，则纪律章明，而外有威严之烈。由是民生举安，则邦本有磐石之固。由是兵威日振，则寇患无溃池之虞。和气交蒸于海宇，而灾害不兴。颂声流布于黔黎，而困穷以复。尚何不足以成久安长治之业，而绍唐虞成周之盛哉！

抑臣又闻之，朝廷者四方之极也，纯心者用人之枢也。惟陛下常存敬一之心，以端拱于上而已。敬则存其心而不放，一则纯乎理而不杂。深宫燕闲之中，而不忘乎知人安民之虑；斋居邃密之际，而日严夫敬天法祖之忧，则心正而朝廷百官皆一于正矣。文武大吏有不奉承，而守令将帅有不奋励者哉！臣不识忌讳，干冒天威，无任战栗陨越之至。臣谨对。

注 释

①统治者残害百姓，以求快意。　②幽深玄妙。　③耽误荒废官职的人。④迷惘沉溺。　⑤淫雨积水为灾。　⑥田界。比喻界限、规矩、约束。⑦田地因无人耕种而杂草蔓延，荒废不治。

赏 析

全文以"君逸臣劳"立论，既倡"法天无为"的君道，又主"奉职有为"的臣纲，在颂扬世宗"敬一"治道之际，暗谏吏治疲敝、将帅失职之弊。其文脉贯通《尚书》《诗经》，既称尧舜垂拱而治赖贤臣辅弼，又借周宣中兴喻指选任良将之要。面对嘉靖末年倭患频仍、民变四起之局，对策尤重实务剖析，提出"慎择守令"三策与"严选将帅"三法，主张打破文武畛域、久任责成，将董仲舒牧民思想与孙武治军理念熔铸为经世方略。文章叙述清楚，观点明确，有理有据。

清

顺治十八年（1661）辛丑科

状元：马世俊

策 问

制曰：朕惟帝王平治天下，开创守成，其道并隆。缔造维艰，缵承匪易。政治修明，群黎安遂。文德覃敷远迩，武功克奏敉宁[①]。乃可祗绍先猷，茂登上理。朕以冲龄，诞膺丕绪，仰惟太祖太宗肇开大业，逮我世祖式廓鸿图，亦既治定功成，显垂谟烈矣。朕兹欲绍述祖宗，必何如而后可以乂安海宇欤？继治之道，首重典章。今纪纲法度，虽已彰明，然因革损益，岂无顺时制宜者？何以酌定章程，以为万世之规欤？闾阎愉悴，视吏治污隆，何以示之激扬，以奠民生欤？风俗淳漓，由人心邪正，何以使之朴诚以敦教化欤？至于底定四方，赖师武臣力，然必赏明罚当，而后可以鼓励勋庸。凡行间功罪，宜如何清叙以昭劝惩欤？尔多士蕴怀有素，各抒所学，毋泛毋隐，详著于篇，用裨维新之治，朕将亲览焉。

对 策

臣对：臣闻治天下者，当全盛之时，而为善建不拔之计，非破庸俗之论，以鼓豪杰之心，则其道无由。昔唐太宗与房、魏论创业守成之难易，而曰："与我取天下者，知创业之难；与我安天下者，知守成之难。"《周书》曰："若昔大猷②，制治于未乱，保邦于未危。"今天下正所谓兼创垂之盛，而持危乱之防者也。人才不可谓不盛，而未尽所以取才之方。更治不可谓不肃，而未尽所以驭吏之道。惩贪不可谓不严，而未尽所以止贪之术。俗尚亦数变矣，而未尽所以靖俗之谋。兵制亦甚精矣，而未尽所以弭兵之要。故有谓今天下为已安已治，遂可晏然无事者，皆庸俗人之论也。臣窃尝见夫古来全盛之时，不可以数遇，而往往弊之所伏，即伏于其盛。而又窃尝慕夫贾谊之策，陆贽之议，苏轼之对，皆能举一代之治，而断其何以治，何以乱，何以治而不乱，何以乱而复治。盖有一代之治，必有一代之才以应之。臣有志焉而欲陈久矣，今当拜献之始，岂可自诬其所学！

钦惟皇帝陛下，翠妫承符，紫微正象，协运而兴，辛壬肇四日之祥矣。拟乎敬承之世，岂止四百载，而颂吾君之嗣，实赖启贤体元以御子丑，正三才之统矣。媲乎中义之朝，何啻三十世。而考昭子之刑，咸称诵圣克艰厥后，敦茂质于冲龄，汝翼、汝为、汝明、汝听，济济然见安止弼直之休；无竞惟人，树弘规于首出，有辅、有弼、有疑、有丞，秩秩然成无为至正之范。今且晋此多士，询以纶言，岂非已治而益求其治，已安而益求其安者欤？《礼记》曰："文王以文德，武王以武功。"《汉书》曰："功莫大于高，德莫大于文。"周之兴也先文，汉之兴也先武。我国家文武并济，以有天下。太祖之肇基③启祚，太宗之积功累仁，至于世祖以沉毅之姿，而兼以明断之识，以恢廓之度，而兼以绥辑④之才。一年而平兖豫，一年而下江淮，一年而定荆襄，一年而橄巴蜀，不数年而五岭望风，滇南稽颡，此开辟以来所未有之盛也。天下文武之臣，莫不愿毕志竭忠以待用，人才亦已辐辏矣。而臣独谓未尽所以取才之方者，何也？古者人才既用，而尝有未用者存于既用之外，故《尚书》曰："有三宅，有三俊。"而《诗》曰："赳赳武夫，公侯干城。"今天下岩野川泽之中，其隐然备公辅之器者，谁耶？泛然而取之，泛然而应之，又泛然而任之。取之者不知其何以取，应之者不知其何以应，任之者不知其何以任。欲兵则兵，欲刑则刑，欲钱谷则钱谷。古之圣人一人止任一事者，今则以一庸人兼之而有余；古之圣人终身不易其官者，今则一旦应之而亦无不足，是亦理之所难信也。今即不必用九品、四科⑤

之制，而州郡之荐举，将帅之征辟，似亦不可少也。若乃掣签而使，按资而升，贤愚同科，茫然无据，彼论而后官，量而后入，独不可稍存其万一乎？程才莫先于计吏，而臣谓未尽所以驭吏之道者，何也？古者亲民之官，莫重于二千石，有以公卿而为之者。唐宰相出为刺史，李泌、常衮皆然。若夫守令，尤为亲民，不可不择。今之郡县官，大抵如传舍，与民情漠不相接。监临使者，顾盼威动，所荐未必贤，所纠未必不肖，其趋谒勤者即为才，其应对捷者即为敏，则何若专重郡县之责。外听责成于督抚，内听考核于铨部，而用唐虞三载之法以黜陟之。彼监临之所荐所纠，不亦可以已乎？

且今天下可汰之吏亦甚多矣，势有不能尽汰者，虑庸人之无所容耳。夫不虑庸人之无所见，而反虑庸人之无所容，此从来之积弊也。即以今日之计吏言之，亦莫亟于惩贪矣。而臣谓未尽所以止贪之术者，又何也？凡人之溺于赇赂而不能脱者，大抵有田园妻子之见以惑其中也。故有昔居环堵而今则拥甲宅，昔泣牛衣⑥而今则列姬姜，昔无半顷而今则连阡陌。诘其所从来，不贪何以有是耶？诚能稍限其田宅、媵妾之数，而为之禁，其有敢于逾禁者，即坐以僭肆不敬之罪。彼有私金于筐箧，而受贪墨无耻之名，虽愚者亦必自笑其所为矣。臣尝见败坏风俗之事，必自卿大夫开之，而后愚民从而效之。此臣所谓靖俗之谋，犹有未尽者。巫风淫风有一于身，家必丧。今之卿大夫多为淫靡无益之事，煽惑愚民，而后俳儿舞女之装，宝马画船之饰，探丸跳剑之侠，刺猴刻楮之巧，靡所不至。甚且富者必有术以求其贵，贵者必有术以求其富，而圣人驭富驭贵之权，皆何所施乎？今富者之必贵，既有严谴以禁之，而贵者之必富，独相习而以为固然。如是而欲风俗朴厚，教化兴起，不可得也。且夫天下驯服于教化，而不能变者，无事则赖文，有事则赖武。今日师武臣之力，亦可谓肤功毕奏矣。而臣独谓用兵虽精，未尽所以弭兵之要，此又非无说也。处今日而欲如古者遂人治野之法，鄹长旗鼓之节，藏兵于民则诚迂。然必使兵与民习，民与兵习，一旦有事，毋论兵勇于斗，而民亦有各护其田畴庐井之心，此不战而自胜者也。今则兵之所轻者民，而民之所畏者兵，一旦有事，则民自为民，兵自为兵。天下未有民自为民，兵自为兵，而能久安长治者也。宋艺祖留意赏罚，平蜀之役，赏曹彬而罚全斌。夫亦赏其与民相安,罚其与民相扰者而已矣。行间之功罪,即以此定之可也。凡此者,皆臣所谓当已安已治,而亟亟焉为善建不拔之计者也。

虽然,治天下有本有末,得其本而治之,则无不治矣。所谓本者何?即制策所云纪纲法度是也。司马相如曰:"风轨简易,易遵也。湛恩[7]庞鸿,易丰也。垂统理顺,易则也。宪度著明,易继也。"尝取历代之典章,而考之其可得而损益者,不过质文之异其尚耳,不过隆杀之异其制耳,不过宽猛竟绿之异其用耳。若夫纪纲法度者,不可得而损益者也。纪纲法度治,则史治以肃,民俗以淳,文德于焉诞敷,武功于焉赫濯,创之有其基,而守之亦有其渐者也。纪纲法度乱,则吏治以乖,民俗以坏,文德伤于优游,武功失于争竞,创不可以宪后,而守亦不可以承前者也。故曰:纪纲法度者,不可得而损益者也。

我国家之典章,至简便而至精详,至严明而至仁厚,似无以加矣,而臣尤有进者。唐贞观时,天子问山东关中之同异,而其大臣曰:"王者以天下为家,不宜示同异于天下。"裴度既平蔡,即用蔡人为牙兵,而曰:"蔡人即吾人。"今天下遐迩倾心,车书同轨,而犹分满人、汉人之名,恐亦非全盛之世所宜也。诚能尽捐满汉之形迹,莫不精白一心,以成至治,则赞赞者皆皋、益之选也,桓桓者皆方、召之俦也。将见江南静横海之戈,而冀北息桃林之乘,即以跻于唐虞三代之盛,亦何难乎!臣草茅新进,罔识忌讳,干冒宸严,不胜战栗陨越之至。臣谨对。

注 释

①安抚,安宁。　②治国大道。　③开创国家基业。　④安而不扰,系统整合。　⑤九品,古代官吏的等级。始于魏晋,从一品到九品,共分九等。四科,评论人物的分类,指德行科、明经科、明法科、治剧科。始于汉。⑥用麻或草织的给牛保暖的护被。　⑦深恩。

赏 析

对策直面清初政治痛点，以超越时代的洞察力剖析时弊。他突破满汉藩篱的论述极具勇气，直言"分满汉之名，非全盛世所宜"，主张消除族群界限以实现"精白一心"，这在清廷入主中原初期堪称振聋发聩。对策以唐太宗、宋太祖为鉴，批判吏治中揲签授官、贪墨横行的积弊，提出限制官员田宅妻妾的廉政方案；针对兵民分离的隐患，倡导"兵民相习"的军事改革。其思维突破传统科举策论的颂圣窠臼，在典雅的骈俪行文中暗藏锐利锋芒，既追溯周汉典章之制，又紧扣江南抗清、三藩隐患的现实危机，展现出清初汉族士人在异族政权下的政治智慧与治世抱负。

康熙十二年（1673）癸丑科

状元：韩菼

策 问

　　制曰：朕惟自古帝王，以仁心行仁政，无不以万物得所为己任。其时丰亨克奏，教化覃敷，人无狙诈之心，户洽敦庞之盛。驯至遐荒向化，顽梗率俾，讼狱息而兵革销，风雨时而休征应，何风之降也。朕缵承祖宗鸿绪，抚御万方，夙兴夜寐，冀登上理。乃天时未尽调协，治道未臻醇备。尚德缓刑之令时颁，而仁让未兴；发帑蠲租之诏屡下，而休养未遂。意者审几度务，设诚制行之源，尚有未究者欤？夫治狱之吏，以刻为明，古人之所戒也。近见引律多烦，驳察诬良，时见参奏，出入轻重之间，率多未协于中。何以使民气无冤，而谳法克当欤？积贮乃天下之大命,乃常平之设，多属虚文。一遇荒歉，即需赈济，而奉行不实，致使朝廷之德意不能遍及间阎。其何以使利兴弊革欤？古者耕九余三，即有灾祲，民无饥色，其道有可讲求者欤？夫有治人始有治法，行实政必有实心。今欲疏禁网以昭惇大，缓催科以裕盖藏，务使物阜民安，政成化洽，以庶几于古帝王协和风动之治，抑何道之从也？尔多士蓄积有素，其各摅所见，详切敷陈。毋泛毋隐，朕将亲览焉。

对　策

臣对：臣闻帝王欲举治天下之大法，必先有以倡天下之人心。夫心者，万事之权舆^①，至治之根柢也。世有百年必敝之法，而有万世可以无敝之心。为政而不本之以心，虽举唐虞三代之法施之，而无一可。古之圣王不能以身劳天下，而惟以心劳天下。其分猷布化，则寄之百官有司；其兼总条贯，则付之纪纲法度；而其子爱元元、忠厚恻怛之实心，必有余于用人立政之外者，以劝其群臣之递相倡也。以率其下，渐磨陶冶，淬厉鼓舞，务尽出其精白不欺之心，以为天子拊循斯民之具。何者当兴，何者当革，若何而可，若何而否，张弛宽猛，休养生息，君臣相与，早作夜思，无往而不得其当。由是衣食足而积贮充，教化行而狱讼息，暴民不作，兵革不试，即有水旱不时之虞，无改乎闾阎乐利之旧。驯至四方，从欲协和风动。人事修于下，天休应于上，阴阳以和，风雨以时，则惟圣王能帅其臣以实心行实事之所致，而非徒法严令具，一切随事补救，润饰吏治之所可几也。

钦惟皇帝陛下，得一居贞，兼三出震。定黜陟而澄吏治，远媲云师龙纪之遗；因燠旸而念民依，务协毕雨箕风之好。覃敷文教，而益讲于道德仁艺，常使史诵诗、士献箴；底定武功，而不忘乎狝狩蒐苗，共美右驺虞、左狸首。淑问既已扬于疆外，湛恩既已普于群生，庶绩既已受成，百神既已顺职，乃犹进臣等亲策之。以府事未尽修和，治道未臻醇备，而欲究于仁让之化，休养之泽，审几度务，设诚致行之源。此真公听并观、悬鞀设铎^②之盛心也。臣请得而备陈之。

臣惟狱者，天下之大命，和气之所由致，灾沴之所由生也。我皇上深矜庶民之不辜，时沛更新之恩，屡下停刑之令，而且宽失出之罚，重矜疑之典，禁惨酷之刑，所以戒枉滥者至矣。而民犹或多冤者，何也？制策曰："引律多烦，驳察诬良，时见参奏。"臣以为今日刑狱之刻，正在于驳察苛于前，而参奏随其后也。古之治狱者，盖使之议论轻重，慎测浅深，宽然得尽其心焉。今自臬司上谳，毋论或重或轻，而必以驳察为例。有司苦于其上之苛刻缴绕也，乃逆窥意指之所向，而文致罪人之辞，以求一当。究之出于罪人之供者，实非出诸其人之口者也。而上下文移，公名为妥招。夫招而曰妥，是徒幸免驳察，而不顾生民之命者矣。臣谓宜少宽假皂司之参驳，而第慎择其人焉，以寄一方之民命，则庶乎其可也。而臣尤有请者，在减例而一从律。古者律一成而不可变，而复有疑有比，是律之中，已不胜其权衡变化，而不必增例以预拟之也。今常例之外，条例日增，徒使轻重上下得易以为奸而已矣。且夫法，亦顾用之若何耳？劓、刖、椓、黥，蚩尤之刑，而唐虞仍之，不闻其或滥。五刑三千，法莫详焉，而周之中叶，不闻其名。祥刑之当否，果不在法之详略也。又况今之律，所谓以准，皆各其及，即若八字之义，亦已尽乎？小大之比，岂犹不足，而复议例乎？

恭惟制策，念积贮之当务，而洞晰夫常平之设，多属虚文，赈济之恩，奉行不实。臣以为今日欲行古者遗人委积之法则迂，如近者频下赈济之令，亦难为继。欲仿古者平籴③之制，又恐有结籴、俵籴、括籴之弊。若欲一恃于常平，则出纳敛散之不时，蓄积之不实，今亦既见之矣。而臣窃以为，今日惟社仓之法，犹可行也。诚各委一方之守令，俾请其乡之耆宿有才德者，劝民量输其粟而时敛之，而时出之，少加其息，以偿腐耗。其行之也，以鄹鄙而不以县；其主之也，以乡人士君子，而不以官；其劝之也，以忠厚恳恻，而不以督责苛急。于以御凶荒也，其庶几乎？

若夫制策所云：耕九余三，即有灾祲而民不饥者，此则足民之本计也。臣谓今日足民之道有三，曰减赋，曰缓征，曰减饷。今赋税既有定额，似不可复减。然古者十而税一，又或十五税一，三十税一，则今他省之额最轻者，犹为重也。而江南一省之人至六百余万，欠厘毫以上，辄罪之，及上计簿而欠者，亦效百万也。此数百万者，民不敢欠而官不能有也，则安归乎？夫征发急则奸欺易生，条目多则侵蚀难诘，势不得不议停，亦不得不议蠲，则曷若少留有余于民之为利乎？臣请即一省以例，其余权其轻重，苟有可少宽减者，减之。藏富于民，即余富于官，此时务也。缓征之说，诸臣请之数矣，言之切矣，皇上亦欲行之再三矣，而格而不遽行者，以协饷之故，则臣请言减饷之说。古者一州之人，必足当一州之出。姑以战国时言之，养兵百万，而不仰给于他国。今天下大定，而馈饷不绝，如岁岁用兵，竭中原民力之供馈，输于岭海之滨，绝远不毛之地，而所在雄藩大镇，外挟一二窜伏山泽之余孽以自重，而内以邀于朝廷，日耗司农不生不息之财，以厌其子女玉帛无穷之欲，此岂可为继，而辄因循而不变乎？臣请于兵之可撤者撤之，其必不可撤者则留屯田。古者常且战且屯，今正当养兵不用之时，其力尤可用。且往者，兵在湟中则屯湟中，在淮则屯淮，在许则屯许，在振武则屯振武，在乌孙伊吾则屯乌孙伊吾，安得藉口无可耕之田乎？或犹有不足，则姑以近省之饷量给之，俟行之数年，佃作盛而军实充，乃尽举协饷而罢之。协饷停而征可缓，赋可减矣。缓征减赋而民有余财，则可以耕九余三，遇灾祲而无菜色矣。凡此数条，臣敢因圣策而尽其愚。

虽然，为政有本，致治有要，则臣以为必先于倡天下之人心，以实心行实政，而后可也。宋儒朱熹有言："世有二敝，有法敝，有时敝。法敝可救之以法，时敝必变之以心。"今百僚师师，庶事具举，然诸臣或畏罪之念重，而踊跃之意轻；功名之虑深，而忠爱之谊薄；推委瞻徇之情多，而公忠任事之气少。则或者御臣之道，亦有未至也。臣谓宜推忠信以结之，宽文法以优之，破资格以异之，丰禄饩④以劝之。崇尚圣贤之实学，以砥其礼义廉耻之防。试以当世之要务，以观其经理才干之实。渐磨陶冶，淬厉鼓舞，而向之数条者，可以付之其人有余矣。然其本要，在皇上之一心。诚夙夜讲学，一本于戒谨畏惧之至意，则德业益充矣。恭己出治，而一将以吁咈咨儆之实心，则万几益敕矣。侧躬修省，斋居渊默，而一出于敬天之诚，则嘉祥致矣。冬寒夏暑，祈福请命，而实格以爱民之心，则生养遂矣。此所谓以仁心行仁政，而政成化洽，无一物不得其所以，进于古帝王协和风动之治者也。臣草茅新进，罔识忌讳，干冒宸严，不胜战栗陨越之至。臣谨对。

注释

①权，变通，权变；舆，承载运转。　②古代宣布政教法令或有战事时使用。鞀，鞶鼓。铎，大铃。　③平价买进粮食。　④优厚的待遇。饩，赠送人的物资。

赏 析

对策以"仁心实政"为枢,直面清初政治痛点。面对康熙"治道未臻"之问,韩菼摒弃虚言,提出刑狱改革须"减例从律",直指律例繁苛导致司法冤滥;倡社仓法以地方自治取代官府常平仓虚文,暗含分权理念;更以罕见勇气批评军饷制度,揭露藩镇挟寇自肥的财政黑洞,主张撤冗兵、行屯田。其对策超越传统理学空谈,将"实心"转化为减赋、缓征、裁军等具体施政方略,在理学框架内注入经世实学精神。尤值称道者,韩菼突破八股窠臼,以"推忠信、宽文法、破资格"重构官僚激励机制,其屯田策后为康熙平定三藩时实践,社仓法在雍正朝获推行。

乾隆四十五年（1780）庚子恩科

状元：汪如洋

策 问

制曰：朕诞膺宝运，今四十有五年。幸函夏乂安，广轮茂豫，钦崇永保，慎宪省成，凛怀无逸之图，式迓延洪之福，恒思谠论，以赞鸿猷。况今佑荷天申，春祺溥畅，缅惟古义，寿考作人，樕朴薪楎，当必应期而作，兹因廷试，仔采嘉谟。

《孟子》述道统之传，自尧舜以至于孔子，盖谓心法治法同条共贯也。然帝王之学与儒者终异，保大定功之要，其果在观未发之气象，推太极之动静欤？永嘉学派，朱子讥为事功。真德秀作《大学衍义》，其目自格致诚正至于修齐而止，治平之经略不详焉，抑又何欤？天下之化理存于民风，而民风之淳漓由乎吏治。贾谊称俗吏之所为在于刀笔①筐箧，而不知大体，是则然矣。然蒲鞭示辱谓之仁心，催科政拙谓之循吏，其果可理繁治剧欤？一道德以同风俗，始臻上治。乃或以轻财结党为义侠，豪健挠法为气节，以败俗而负美名。为长吏者，将何以辨别而诲导之欤？积贮之法，不出常平社仓。然常平丰敛而歉散，其制在于出陈易新。但逢谷贵而采买入仓，虑有强派之弊，谷贱而红陈召籴，恐滋勒贾之虞。何道而使仓庾常盈，闾阎不累欤？抑藉社仓者，必皆贫户。倘所入之息不敌所出之数，是义举且渐废。使必按册而促之偿补，则追呼滋扰，善政反成作法之凉。将何以斟酌而归于实惠欤？《书》称刑期无刑，辟以止辟。盖天地之道温肃并行，帝王之治恩威交济，固大异乎名法之家，而亦非徒博宽大之誉也。后世秉宪之吏，不知德礼刑政之同原，其于明罚敕法之道，未能权衡要于至当，岂咸中之治果难复见欤？将使惟明惟允，无纵无枉，以协于弼教之意，果操何道欤？夫先资自献官之始也，敷奏以言古之制也。多士学古入官，于经世之略讲之有素，又新自田间来，于民生利弊知之必悉。其竭虑以对，无泛无隐，朕将亲览焉。

对 策

臣对：臣闻健运有常，天行所以成岁。日新不已，圣德所以宜民。盖纯修必惕于自强，斯至化克符于久道，是故盛王御宇，恒持之以不暇逸之心。而性量验其敷施，风声资其倡导，以足储待者酌盈虚之用，以慎简孚者昭出入之平，非徒致饰于治象已也。重熙累洽之朝主，极光亨鸿，施旁浃物，靡不得其所，亦既协气翔而休征应矣。而内勤缵绍则格被弥周，外肃纲维则训行益挚，盖藏素裕而倍殷先事之筹，惩创维严而愈广无私之照，所为殚精心以臻上理者，盖不胜其钦崇而劼毖焉。《书》曰："敕天之命，惟时惟几。"言人君者随时随事皆当戒饬，而不可不惟天是法也。《诗》曰："不显亦临，无射亦保。"言其凛鉴临于癙寐，而矢敬畏于几微者，要本此纯一不已之衷，以为之宰也。然则恢扬郅治之隆，而欲使业焕钦明，政归丕变，厚生允殖，弼教惟光，是在至诚悠久之规，有以赅万化而默操其要矣。钦惟皇帝陛下，道崇敷锡，志劭寅虔，普乐利于无言，协平成而有庆。固已骏烈宣昭，徽猷式著，综观前古，无以逾斯。乃圣德渊冲，咨询弥切，复进臣等于廷，而策之以修治统，饬化原，广仓储，彰宪典之实。臣自维愚陋，乌足以知体要。然伊古对扬之盛，采择不废刍荛，敬承清问，敢就平日所诵习者以对。

制策有曰：《孟子》述道统之传，谓心法治法同条共贯，而因思保大定功之要，更有进于是者。此诚驭世经邦之首务也。臣闻宋程颐有言，帝王之学与儒生异尚，儒生循习章句，而帝王务得其要，以措诸事业，固未可规求于口耳之末，亦未得虚谈夫性命之微也。宋儒言学备于《性理》一书，观未发之气象，所以严省察于几希；推太极之动静，所以验机缄②于阖辟也。而于王者，措正施行之道，或略而未之及焉。夫古者危微授受，即以致时雍风动之麻；缉熙光明，即以绍典谟承烈之绪。事功之与学问，岂不同出于一源？然欲即蕴蓄之深，以指为发抒之迹，则有难于等量观者。惟是后儒侈张事业，大抵驳而不纯。如永嘉学派，矜上下千古之识，而详于事者终略于道，诚难免乎朱子所讥。至真德秀《大学衍义》止于格致诚正修齐，而不及治平之经略，盖犹是经筵进讲启沃身心之用，而非必薄视经纶，故为迂远之论也。方逢圣天子生知好学，统外王内，圣而咸赅，洵足绍往圣之心传，而远迈诸儒之论说矣。虽媲美勋华，又何让焉。

制策又以化理本于民风，民风实由于吏治，而因及于诲导者之必严其辨别。此训俗型方之要，所宜亟讲也。臣惟化民者必习其业之所成，有时以清和咸理为良规，即有时以振刷维新为先务，此非示天下以武健之用也。儒者一行作史，称述诗书，其视刀笔筐箧之流固非可以同日语。及试之簿书繁剧之地，而心劳政拙，有茫然无所设施者。况夫顽悍刁狯之习往往而有，设徒效蒲鞭之小惠，而风力不足以镇奸民，声色不足以威敝俗，则儒术之疏曾何裨官方之重者乎？昔西汉之世，吏治蒸蒸，黎民乂安。而其以六条察二千石也，首列强宗豪右之禁。凡以使轻财结党、豪健挠法之徒，举不得横断乡闾而矫持官吏。盖惟有德者能以宽服民，其次莫如猛，非惟事势之不齐，抑其理固如是也。是故王者慎简官僚以安民生，即以纠民慝。当盛世，官方澄叙，政体精详，为长吏者宜何如整饬规模，俾夫败俗而负美名者，争自濯磨，以期底于敦庞之化欤！

制策又以积贮之法不外常平社仓，而虑夫法久之不能无弊。臣惟法无弊也，有不能善其法者，而弊生焉。则大约循乎积贮之名，而失乎积贮之实已矣。常平自耿寿昌、长孙平已行其法，意主乎丰敛歉散，而制在乎出陈易新。第相沿日久，而采买者不免强派之虑，召籴者亦恐滋劳勒买之虞，此岂弊之未易绝哉！亦难乎储蓄者之克酌其宜也。诚能收贮及时，不以挪移而务支饰，则虽谷贵谷贱之异，时而仓庾常盈，间阎亦无扰累矣。至如社仓之设，本为贫户通其缓急。春借秋敛，有便于民用，而仍无耗于公费，意至美也。乃或取息以偿，而所出者反浮于所入，则册籍亏欠之恒不免焉。将任其挪延悬贷，而廪储虚旷，岁计遂多不足之形。将限以按户追呼，而逋积牵连民力，亦有难纾之患。所赖司其出纳者，审量于衰多益寡之宜，庶几善政之行，人蒙实惠而足食，裕民之举，非奉行故事比矣。我皇上轸念民艰，所以计其生全者至详且备，而郡邑蓄聚之制，尤为亟务。行见比户盈宁，屡丰告庆，有不熙熙耕凿，胥忘帝力之勤者乎？

制策又曰：天地之道温肃并行，帝王之治恩威交济，盖刑期无刑，辟以止辟，固唐虞三代之盛轨也。臣尝考《周礼》秋官之职，正月始和，乃悬刑象之法于象魏，使万民观之，凡以儆天下之愚不肖，而使之毋轻蹈于法也。夫名法之学，治世所不言，而宽大之誉，亦圣王所弗尚。后世秉宪之吏，昧于德礼刑政之同原，而权衡于以鲜当，不知先王之明罚而救法者，具有慎重之意焉。防之于始，有五戒五禁；审之于终，有三典三刺、三赦三宥、五听五过、八成八辟[3]；待之于终，有三就三居。至于秦汉，法网滋繁，禁条岐出，前之律不可以旁引，后之例不免于递增，亦势之无如何者。惟夫由详核而归简要，由简要而得精密，小惩而大诫焉，斯不得私为上下于其间矣。皇上仁如天，知如神，凡刑狱之事亲加审度，轻重悉由其人之自取，又复特谕法司，分别榜示，俾愚蒙咸知谨凛。盖与古者象魏之典一无以异。无他，明之至者慎之至，慎之至者爱之至也。凡此者敦厥躬以议道，靖尔位以同风，耕九必策其余三，惩一要期于儆百。其见诸事者不同，而其源则归于一也。

臣伏愿我皇上本所其无逸之心，勖政贵有恒之义，性功已著而尚凛绥猷，治具咸张而犹严励俗。不以阜成已兆，而宽藏富之怀；不以风纪咸清，而弛协中之训。于以茂扬醇化，覃洽仁风。我国家亿载无疆之庆，基诸此矣。臣草茅新进，罔识忌讳，干冒宸严，不胜战栗陨越之至。臣谨对。

注 释

①古代在竹简上刻字记事，用刀子刮去错字，因此把有关案牍的事叫作

刀笔，后多指写状子的事。多用作贬义。　②原指造成事物变化的造化力量，后用以指运气。　③指八种可以减轻或赦免刑罚的条件，不在刑法之内，故据情议定，包括议亲、议故、议贤、议能、议功、议册、议勤、议宾。

赏 析

　　面对帝王"道统"之问，汪如洋巧妙平衡程朱理学与事功学说，既肯定真德秀《大学衍义》的启沃之功，又暗指永嘉学派经世之效，为经世致用思潮张目。论吏治时，直指儒生空谈误政，主张"风力镇奸"，将西汉察吏六条古法转化为清代基层治理方案。积贮之策超越耿寿昌、长孙平旧制，提出"哀多益寡"的社仓管理细则，暗谏官僚系统形式主义积弊。其刑法论突破"宽严之辨"窠臼，溯源《周礼》象魏之法，将预防犯罪理念注入司法体系。全篇以"纯修日新"为纲，将帝王心性修养与仓储、刑狱等实务紧密结合，在颂圣框架内嵌入改革建言，既承乾嘉汉学考据之严谨，又显经世实学之锋芒，折射出盛世末期士人对官僚体制僵化的隐忧与改良的诉求。

嘉庆七年（1802）壬戌科

状元：吴廷琛

策 问

制曰：朕寅承昊缛大宝命，于今七年。仰受训诰付托罔极之德，亲政以来，朝夕亹勉①，兢业寅畏，庶期克副宙合烝黎爱戴之心，以无负君天下子万民之责。恒思相小民以知依，念经训以建事，代间阎谋厥温饱，为学校端其步趋，道洽政治，底于淳熙，嘉与亿兆共蒙康乂淳良之福。凡所以治心、典学、保赤、正俗者，庸举要旨，为多士廷献者谂。

《尚书》传帝王心法治法，而其最深切著明者，莫如《无逸》一篇。我皇考常书于屏宸②，朕诵仰寻绎，念释在兹。其曰严恭，曰懿恭，曰寅畏，曰抑畏，将无恭畏二字为七更，端之要义与？顾羲轩顼喾尧舜禹汤，皆帝王隆轨，而近代独举三宗，一家专尊穆考，何与？或曰祖甲，或曰太甲，各有其义，将何遵与？受命中身，溯自即位，然则受命改元之说诬，虞芮质成之年妄与？惟正之供，或以为正道以待，或以为伯国之贡，畴为定论？鲜或训乏，或训生意，畴为正音。唐紫宸殿，宋迩英阁，谁书谁图，能举其事与？

五经之书，广大悉备，微旨未易推寻，撮举儒先传注之显者。《易》重卦何时？《文言》何人所作？《系辞》疑不出孔子，先后天复有中天。《书》古文疑信何纷？古今文复有中文，《武成》《洪范》，曷可更定？《费秦誓》何以入书？《诗》风雅颂外有南，南雅颂入乐，而风不入乐，《笙诗》应否有辞？鲁商何以入颂？《周礼》冬官散在五典，《仪礼》仅士礼而非阙，《礼记》何篇出汉儒，各有其说。《春秋》经传何时间配？获麟后经畴作？《左传》中有兵谋兵法，皆可详胪与？

尧汤水旱不能必无，为人君者心廑恫瘝[3]，力谋补助。为民父母之谓，何而忍恝邪？赋镪铸币，伊古有之。《周礼》大司徒以荒政十二聚万民，其目云何？其科条解义，先郑后郑所注不同。吕祖谦酌申其说，可述而断与？此外散见诸官者可详与？富弼青社赈荒，千古良法，其分给田土之疏，支散斗斛之檄，可仿与？程子赈济之论，曾巩救荒之议，朱子画一事件之状，有可行与？蠲赋缓征，截漕平粜，鬻赈以工代赈，资送流民，今皆行之。古于何始与？法不蔑古，不泥古，以合时宜为善，将采以惠吾民焉。

士也者，民之坊也，亦官之朴也。士而端心术，冶性情，砥砺廉隅，不亏儒行，则其乡人薰而善良，不入于奇邪，不蹈于匪僻。否则民何型焉？一旦出而服官，士廉则不为贪夫，士良则不为酷吏，士勤则不为旷官，皆以章缝为圭臬也。今或中存徼幸，罔顾箴检，诡遇求合，其毋乃辱青衿而羞黄卷乎！《王制》大司徒、大乐正四术四教，何正且严，而犹有不帅教者，何以善其化导与？察行而或起别居之谣，考文而空致虚车之饰。举鹿洞之遗规，仿苏湖之教法，上之待士甚厚，亦思何以克称与？

凡兹四事，端主德以建极，崇正学以稽古，观民生以孚惠，培士气以含淳。朕夙夜图维至亟也，问察至广也。各抒素所讲习者，毋泛毋隐，朕将亲遴焉。

对　策

臣对：臣闻恩艰所以图易，稽古所以同天，惠德所以有孚，造士所以兴教。斯行远之令图，不易之通典也。稽诸载籍，钦明有作，耕凿爰播其谣，书契聿兴，坟索肇垂其目。余粮栖于晦首，命士宠以饰车，康乂[4]淳良，猗欤茂矣！圣人因之纲纪具举，有奠丽之教，有念典之训，有施舍之政，有广学之条。皆本乎设诚致行，以宜民而淑世。是以敬畏凛而醲化敷，文明昭而经术懋，乐利贻诸奕祀，声教浃乎儒林。自古帝王所为，埴在埏金在炉，陶天下为一家者，此也。

钦惟皇帝陛下，德洽修和，治臻富教。固已稼穑开藉田之制，图书炳河洛之传，仓廪实而民乐其生，庠序谨而士端其行矣。乃圣怀冲挹，深维久安长治之道，弥切持盈保泰之思。进臣等于廷，而策之以治心、典学、保赤、正俗。臣之梼昧，何足以知体要。顾念敷奏以言之义，际兹对扬伊始，敢不敬诵所闻。

伏读制策有曰：《尚书》传帝王心法治法，而其最深切著明者莫如《无逸》一篇。臣惟敬胜一语肇载《丹书》，厥后帝典王谟隆轨述遵，心源阐绎，不越是旨。周公作《无逸》，凡七更端，恢之弥广，曰严恭、曰懿恭、曰寅畏、曰抑畏，所其《无逸》与敬德作所之义实相发明。举三宗者，继体之贤君也。言文王者，身之所逮事也。孔安国、王肃以"祖甲"为汤孙"太甲"，马融、郑元以为武丁子"帝甲"。如王孔说则世次倒置。且周公明言，自殷王中宗，及高宗，及祖甲。及者，因其先后次第而枚举之词。马郑说较长。受命中身，孔《传》谓中身即位，然《泰誓》序惟十有一年，《传》又谓周自虞芮质成，诸侯并附，以为受命之年。盖惑于武成九年，大统未集之说。惟正之供，《传》谓众国所取法，则以正道供待之。惠鲜鳏寡，《传》谓加惠鲜乏鳏寡之人。案陆德明《经典释文》，鲜，息浅反，与孔义合。后世如唐宋璟之于元宗，宋孙奭之于仁宗，皆写《无逸图》以献。考唐《国史》，图设于紫宸殿，宋在迩英阁，奭《传》所谓施于讲读阁者也。皇上朝夕亹勉，轸念民依，咸和之实政，固非往昔所可媲隆矣。

制策又以五经之书广大悉备，因举儒先传注之显者，以要厥指归。臣考《易》之重卦，郑元以为神农，孙盛以为夏禹，史迁以为文王。然《系辞传》言神农取益取噬嗑，则当断自伏羲。《系辞》本文王周公所作，系于卦爻下者。孔子所述乃系辞传也。《文言》为孔子第七翼，乾坤易之门，故特释之。壁《经》自魏晋间晚出，《书》盛行而真伪始淆，刘陶又别为《中文尚书》。《武成》有程子、刘敞、蔡沈等定本，《洪范》有苏轼、王柏、金履祥等定本。录《费秦誓》者，鲁有征讨之备，秦有悔过之美，故以备王事焉。《诗》南雅颂皆入乐，风惟豳章有《豳籥》，然豳雅颂先儒亦未有定论。《笙诗》云笙，不云歌，刘原父谓本无其词，非亡失之亡。然大射管新官三终，《左氏》宋公享昭子赋新宫管诗有词，则《笙诗》亦应有词。鲁自季孙行父请命于周而作颂，夫子因其实著之宋王者，后巡守不陈其风，《猗那》五篇固颂体也。《周礼·考工》汉博士所补多不合周典，程泰之因谓五官各有羡数。凡羡数百工事当归冬官，俞庭椿亦云司空之篇杂出于五官之属。《礼》古经本五十六篇，多天子、诸侯、卿大夫之制。高堂生传十七篇，皆士礼。后苍推士礼而致于天子，非也。《礼记》《王制》《乐记》皆汉儒纂辑。《春秋》公谷二家皆以传入经，左氏自杜预始分年相附。获麟后经，弟子因记圣师始终，据史续之。《左氏》载用兵谋士决胜，武臣用奇，千载如见，实开国策纵横、史迁叙述之先声矣。

制策又以尧汤水旱不能必无，归于廑恫瘝而谋补助，以尽父母斯民之实。臣惟先王之世，以三十年之通制国用。岁即不登，民无菜色。然且处常虑变，定为经制。《周礼》太宰均节财用，廪人移民就谷，士师移民通财，纠守缓刑，遣人待以县都之委积。又总其要于大司徒，自散利薄征，至索鬼神除盗贼。《荒政》之目十有二，先郑以去几为关市不几，后郑以为但去其税。又《康成》以眚礼属吉礼，而以第八条为省凶礼，亦与《司农》小异。东莱吕氏谓荒政始于黎民阻饥，舜命弃为后稷。夏商无闻，周则大司徒外其详又错见于六官。《春秋》乞籴，国鲜九年之蓄。至李悝创平粜，谷贾不贵，民安其居。斯三代后救荒良策也。后世如富弼在青州处流民于城外，室庐措置皆有法则。使寄居游士分掌其事，而吏胥不与。其经画俱非苟且。夫法不可蔑古，亦不可泥古。皇上爱养黎元，有加无已。凡截漕、平粜、鬻赈诸普政，皆酌乎古今之宜。封疆大吏咸能实心奉行，周无一夫不得其所矣。

制策又以民之坊，官之朴，胥在于士，薪从事于性情心述以全儒行。此又崇起士习之要务也。臣闻董仲舒有言曰："正其谊不谋其利，明其道不计其功。"士苟砥砺廉隅，则其乡人闻风矜式，薰德善良。一旦以家修为廷献，廉则不贪，良则不酷，勤而不旷，素所树立然也。古者卿大夫宾兴贤能，诸侯岁献贡士于天子，所以成就之者，不外乐正之四术四教。帅教者升之，不帅教者屏之。盖以下兴民行，上饬官常，考察既严，人才斯出。郑司农注《周礼》，谓兴贤若今举孝廉，兴能若今举茂才。汉法取士，犹为近古，故其时吏有循良之最，民鲜偷薄之风。唐取士有明经、进士、明字、明法等科，士俗所向，惟明经、进士而已。禄利之途既开，徼幸之心斯起，原其所以，不在古今立法之递变。察行而或起别居之谣，考文而空致虚车之饰，转移风教之权操自上矣。方今圣天子道德齐礼为天下先，有志之士，罔不端淳淬砺，以为拜献之资。所谓言有坛宇⑤，行有坊表，凡民有不观感而兴起者哉！

若此者，法天自强则勤民之政举也，学古有获则观文之化成也。重民天以固本，则德遍群黎，正儒术以树坊，则风淳比户。猗与休哉！道洽政治，胜实蜚声矣。臣尤伏愿皇上，至诚无息，安益求安。鞠谋之绩维熙，益单心于夙夜。作述之成已集，弥式训于典常。厚生载永赖之功，誉髦⑥申无斁之意。事勤乎三五，功兼乎在昔。神人提福，中外乐康，则我国家万年有道之长基诸此矣。臣草茅新进，罔识忌讳，干冒宸严，不胜战栗陨越之至。臣谨对。

注 释

①勤勉，孜孜不倦。　②帝王宫殿上设在牖之间的屏风。　③体察疾病痛苦。古代帝王常用来表示对民间痛苦的关怀。　④安乐，安定。　⑤坛，堂基。宇，屋边，引申为界限。形容说话庄重有规矩。　⑥指有名望的英杰之士。

赏 析

吴廷琛的对策恰似一柄双面铜镜：一面折射着乾嘉学派的考据锋芒，另一面映照着嘉道之际的经世暗潮。当白莲教烽烟初熄，他以《尚书·无逸》为密钥，将周公"敬德"古训转化为整饬官僚的利器——在考辨"祖甲"与"太甲"的经学迷雾中，暗藏对吏治懈怠的隐忧；解读"惠鲜鳏寡"时，借陆德明音韵训诂，悄然指向民生疾苦。五经考辨尤显机锋：从《周易》重卦考源到《周礼》冬官补遗，看似皓首穷经的学术推演，实为重构儒家知识体系的尝试，暗合即将兴起的今文经世思潮。论及荒政，他如精明的账房先生拨动算珠，在《周礼》十二荒政条目与富弼青州赈灾案例间架起桥梁，将"截漕平粜"等当朝举措织入历史经纬，为传统荒政注入制度弹性。最耐寻味处当属士论：以董仲舒"正谊明道"为旗，实则剑指科举积弊——当"诡遇求合"成为士林常态，他重提汉代察举遗意，在"四术四教"的古制考辨中，悄然埋下整顿士风的伏笔。

嘉庆二十五年（1820）庚辰科

状元：陈继昌

策 问

制曰：朕寅承大宝，抚御寰区，二十有五年。孜孜汲汲，罔敢一日暇逸。仰荷昊宰笃祜，列圣贻麻，函夏乂宁，民人乐业。冀与内外臣工早作夜思，由小康而跻上理。洪惟帝王治道之原，学校教人之法，儆群僚以励翼，奠德水以安流。所为斟元阐绎，以保万世丕基者，爰广咨诹，用资启沃。尔多士其敬听之。

道莫高于唐虞，法莫备于成周。典谟官礼，万世之圭臬也。皋陶之谟曰知人安民，而其文何以有详略？三公之职曰经邦论道，而其官何以独不传？人心道心授受之要，而荀卿何以引为道经？乐德乐语教胄之规，而窦公何独传其遗法？玑衡为测天之器，而浑天、周髀何以殊涂同归？什一为取民之常，而乡遂都鄙何以因地异制？以至虞五服，周九服，虞十二州，周九州，虞服十二章，周九章，虞五载巡守，周十二年巡守，礼乐虞分为二，周合为一，兵刑虞合为一，周分为二，变通损益，其道安在？若夫《虞书》五篇，约之以一钦。《周礼》六官，统之以为民极。古帝王所以握万化之原，而端出治之本者，不更有心法在乎？

辟雍之名见于《诗》《礼》，郑氏笺注何以不同？或以辟雍为文王乐名，其说何本？蔡邕、袁准，其论何以互异？汉以明堂、灵台、辟雍为三雍，何故？释奠、释菜，视学合语，其典若何？汉代圜桥观听，称制临决，其时讲论于白虎观者谁氏？东汉魏周养老，为老更者何人？北面乞言，所对何辞？唐七学三馆，宋六学三舍，明六堂积分，其法若何？我朝辟雍肇建，韦举上仪，石鼓石经，灿然昭列。诸生沐浴教泽，有能通经述古，扬[①]挖而言之者欤？

《书》曰：无教逸，欲有邦。又曰：天工，人其代之明乎？居官行政，不可以不勤也。为吏者苟能厉廉隅，循法度，其亦可矣。然或怠玩因循，燕燕居息，以废弛为安静，以颟顸为老成。狱讼积而不问，职事惰而不修。国家安赖有是官为？至若曹参之治齐，宽而简；诸葛亮之治蜀，严而详，而二人皆以贤相称。龚黄之治民以慈仁，张赵之治民以明敏，而四人皆以贤守著。为道不同，同归于治，其故若何？悃愊之更可以宁人，而缓急或不足恃。武健之才易以集事，而跅弛[②]或至逾闲。量才器使，其道何若？朕宵旰厉精，率作兴事。内而曹司，外而守令，实繁有徒，惟赖为大吏者躬亲倡导，以熙庶绩。而或徒以旅进旅退，谨身寡过为事，岂所谓靖共匪懈者乎？

江淮河济，古称四渎，何以河之为患独甚于今？《尔雅》河出昆仑。言河源者，汉张骞，唐薛元鼎，元都实，孰得其真？周定王时河始南徙，迄今迁变凡几。古渭河不两行，禹何以播之为九？汉武帝之塞宣房，王景之治汴渠，其事若何？贾让一策，其议若何？潘季驯之治河，主于束清刷黄，其切实可施行者何在？方今河道所关至巨，北决则虑穿运，而转漕或碍；南溢则恐入淮，而高堰可虞。自桃汛以至秋汛，自兖豫以至徐扬，司事者昼夜巡防。培筑之法，疏浚之宜，坝堰之宜泄，薪料之储备，在在宜慎。朕不惜巨万帑金，为生民图安宅，欲使绩底平成，民无垫溢，万世永赖，计将安出？

凡此者，法古以立治，兴学以作人，廉法出而政和，清晏而百川理。尔多士学古入官，先资拜献。今自陈之为谠论，异日施之则为嘉猷。毋泛毋隐，毋袭陈言，朕将亲第焉。

对 策

臣对：臣闻建极所以绥猷，兴贤所以致治，旌别严而鹓联式序，荣光塞而龙叙呈图。此景铄之上仪，郅隆之盛轨也。稽诸载籍，《诗》征式命之符，《礼》

重书升之典。克知灼见，百司慎简于《周书》。距浍浚川，九功特详于《禹绩》。自古帝王德迈鸿轩，勋逾象纬，莫不建中以锡福，立教以凝禧。储杞梓而用协衡平，销竹简而休占河润。是以佩德则带铭恭寿，歌风则官奏昭华。朝殷亮采之咨，世献安澜之颂。所为凝薰六幕，陶铸二仪，永受鸿名而诞膺多祜者，用恃此也。钦惟皇帝陛下，道光泰寓，仁洽坤舆。固已神枢合撰于山渊，荣镜腾辉于日月，饬六事而治昭廉法，宅四隩而绩奏平成矣。乃圣怀冲挹，深维长治久安之道，弥切持盈保泰之思。进臣等于廷，而策以敷政之本、誉士之经，与夫考察之隆规、宣防之要务。如臣梼昧，奚补高深？顾当对扬伊始之辰，敬维拜献先资之义，敢不谨竭刍尧之一得，用效葵藿③之微忱乎？

伏读制策有曰：道莫高于唐虞，法莫备于成周，而因典谟官礼之垂，进溯宰化出治之本。臣惟帝王之治，因革损益，不必尽同，而其源则一。立纲陈纪以有为者振其机，恭己垂裳以无为者端其范。篇章具在，训诫如闻，溯厥心源，若合符节也。知人安民之旨，二帝犹励其难；经邦论道之原，三公独专其责。盖礼乐刑政，制治之具，而心法则有深焉者矣。精一危微，千古传心之要，而荀卿或引为道经；乐德乐语，一朝教胄之规，而窦公独传其遗法。夫治法，自唐虞而降，历代沿袭不同。周人修明兼用，亦惟参以变通之妙，酌以损益之施。《记》云协诸义而协可，以义起者是也。是以玑衡之器，什一之征，画地之殊，分疆之别，莫不因地异制，因时制宜。他如虞服十二章，而周则用九，虞巡狩以五载，而周则行于十二年。其灿著于礼乐兵刑者，或分为二，或合为一。措施之际，识者于以观制作之精。盖其敬以作所，主善为师。絜矩端好恶之原，修己立均平之准。所以《虞廷》之交儆曰钦，《周礼》之以为民极。帝王圣不自圣，精益求精。端拱而坐致雍熙，太平而犹廑惕厉者，诚以一人握万化之枢，惟恐因陋就简之意萌于幽独，急功计利之念扰其神明也。我皇上德符圜矩，化洽垓埏，端本则于亿万年，饬几康者一二日。奉三无以出治，遍九有以覃恩。唐哉皇哉！诚帝者之隆矣。

制策又以辟雍之名见于《诗》《礼》，而因考夫历代之创建。此诚敦崇实学之至意也。臣惟移风易俗，立教为先。古者旌俊造以兴贤，尊彝典以立训，具有仪型，聿存矩范。是以博士之设，始自汉宣，太学之规，隆于光武。其后三雍并建，经始永平，举视学之典，修养老之文。称制以决五经之异同，亲幸以考诸儒之论说。肄业者给舍，听讲者圜桥，盖一时称极盛焉。降及唐宋以来，莫不悉遵斯轨，故有七学三馆、六学三舍之制。夫褒显经术，尊礼师儒，治化所由昌明，文教所由光被也。顾昔之举是典者，或旷代始一见，或累朝始一行。拘于更叟之说，泥于巡狩之文。议礼则聚讼纷如，说经则折衷无丰。求其昭示训行，范模天下，懋亘古之隆仪者，亦鲜矣。《洪范》云皇极之敷言，是彝是训，于帝其训。盖必有聪明足以牖世，教训足以宜民者，始足以迪彼颛蒙，光兹道化。故大昕④之警众者特其文，主极之持源者乃其实也。圣天子体道敷言，本身立教，中外士民亦既沐浴膏泽矣。兹奉特诏，来岁举临雍之典，崇仪茂矩，炳焕辉煌，谓非千古盛事哉！

制策又以天工人代，居官行政不可不勤，黜其怠玩因循，而期于靖共匪懈。臣考《周礼》以六计弊吏，而策之以廉善廉能。《洪范》以五福锡民，而重之以有为有守。洵课吏之良规，立身之大节也。以废弛为安静，以颠顸为老成，狱讼积而不问，职事惰而不修，国政难与之振兴，即士品亦不堪自问矣。汉以六条察二千石，有田宅逾制之禁，侵渔聚敛之诛。训洁崇廉，至三至再，故汉之吏治犹为近古。然曹参与诸葛亮皆贤相也，而其为治，一则宽而简，一则严而详。黄霸与龚遂皆贤守也，而其为治，一则以慈仁，一则以明敏。盖因人立政，因地制宜。惟本慈祥恺恻之心，以副其励精图治之实。夫全材之得，自古为难。有体者不尽有用，有才者不尽有德。所以处常则有余，任重则不足。暂用之易以见功，久任之易以见过。国事所关，民命所属，职无巨细，所系匪轻。惟操其柄者，一本乎公正之心，以赏善而黜恶，而大吏复体此意，以相懋勉，不阿所好，不徇所私。庶几贤能之士争自濯磨，于以熙庶绩，贞百度，不徒以寡过为事矣。我朝用人立政，一秉大公。内外臣工，宜何如勤慎以襄盛治哉！

制策又以河之为患，独甚于今，培筑疏浚之方，在在宜慎。臣惟尧警九年，禹勤八载，河之为患，自古已然。盖南北之高下不同，而古今之迁徙无定。河自孟津而下，土性卑湿，地势宽平，缓则停淤，急则涨溢。龙门之巨限，汇伊洛漳沁之支流，北高南下，其地殊也。汉唐以来，宣房初筑，汴渠再修。始但东趋，继且南注。合济运束淮为一事，举兴利除害之两端。古易今难，其时异也。载稽往牒，如贾让之三策，王景之八渠，季驯所书，至正所纪，具有成法，咸可施行。然而时势互殊，情形各异。泥乎古而河不治，离乎古而河亦不治。是在司事者有精练之才，洞达之识，清廉之守，强固之身。察其高下分合，缓急节宣，不以仓卒淆其见，不以补苴⑤毕其功。工坚料实，滞导川疏，古之上策，何以加之。仰惟睿谟广运，德意旁敷，发千万之帑金，拯亿兆之民命。行且见夫金堤巩固，玑镜昭融，则彚河媲于周诗，酾渠同夫禹绩矣。

若此者，大猷允升则光昭下烛焉，多士蔼吉则泽敷圜海焉，月要日成则法垂八柄焉，河清海晏则化被九垓焉。英规茂矩，昭古铄今。备哉灿烂，真神明之式也。抑闻荷饼幪之化则仰天之弥高，感光大之恩则冀地之弥厚。臣伏愿皇上至诚育物，稽古同天，政和而治益修，轨顺而防益豫，则我国家万年有道之隆基诸此矣。臣末学新进，罔识忌讳，干冒宸严，不胜战栗陨越之至。臣谨对。

注 释

①显扬。 ②放荡不羁。 ③葵和豆的花叶倾向太阳，比喻下级对上级的忠诚。 ④指天亮。昕，黎明。 ⑤弥补缺漏。苴，用草来垫鞋底。

赏 析

这篇对策展现了陈继昌深厚的经史功底与经世之才。全文紧扣嘉庆帝提出的治道、学校、吏治、河防四大议题，以典章为纲、史实为纬，层层递进。行文骈散相间，既有"佩德则带铭恭寿"的典雅辞藻，又有"量才器使"的务实见解。在治道部分，通过比较虞周制度差异，揭示"帝王心法"在于因时制宜；论学校时梳理三代至明清学制沿革，彰显通变智慧；吏治之策以史为鉴，提出"因人立政"的用人之道；河防对策则详考历代治黄方略，强调"察势疏浚"的实践原则。文章结构严谨，见识高远。

道光三十年（1850）庚戌科

状元：陆增祥

策 问

制曰：朕诞膺洪祚，寅绍丕基。荷穹昊之佑申，缅祖考之彝训。孜孜求治，日昃不遑。恒思任贤去邪之道，典学稽古之谟，立政宜民之方，敦本善俗之则。冀与中外臣庶，致上理于大同。兹值临轩发策之初，虚衷博采，尔多士其敬听之。

人君之职，在于用人。登选之途宽则贤愚并进，荐剡之路辟则真伪相淆。知人善任，厥惟艰哉！唐李绛谓循其名验以事，所得十七，可取法欤？至如夹袋之储，材馆之录，荐拔既多，能无滥欤？《书》曰：任贤勿贰，去邪勿疑。贤奸之显然者固易辨也。其或貌似朴诚而中藏险诈，外示正直而内蓄诐邪。何以洞烛情伪，俾无所售其欺欤？君子、小人各从其类。若李泌之荐窦参，司马光之举蔡京，又何说也？朕寤寐旁求，命中外大臣各举所知，期得贤能以康庶事，将使野无遗贤，朝无幸位。程子所云：知言穷理则能察人。斯为浚源之论欤？

唐虞授受不外一中，所以辨危微而致其精一者，本于圣性之自然欤？抑亦有存心养性之圣学欤？禹之告舜曰：安汝止。周公之称文王曰：克宅厥心。与执中之旨同否？《书·说命》言逊敏而推其效于道积厥躬，《诗·敬之》篇言就将而课其实于缉熙光明。固未有不切于身心而可以言学者也。三代以

177

还，史所载留意经术、好学右文之君，代有之矣。乃考其行事，或显与古训相违，岂非舍本逐末，所学未得其要欤？朕惟典谟奥义，孔、孟微言，以之修己治人，若规矩准绳之不可易，欲身体力行以为正位凝命之本。审端致力，宜何从欤？

道揆法守，制治保邦之要务也。宋朱子有言：为治之本，在正心术以立纪纲。夫纪纲不立，而能治安者未之有也。欲振肃而整齐之，厥道何由？礼乐刑政，号为治具。其所以行之者，命令而已。乃淑世牖民之道，兴利除弊之方，诰诫屡颁而奉行不力。是涣号仅为空言，播告只循故事。何由振颓风而收实效欤？《易》曰：穷则变，变则通，通则久。今承平日久，法非不大备也。而怠玩从事，奸弊潜滋。或偏废①而不举，或积重而难反，或盐漕河工诸大端，利弊所在，何以策出万全，俾国计民生，两受其益欤？

民风之淳漓，系乎政教。《周书·武成》篇曰：重民五教，君牙之命。亦以敷五典和民则告其臣。盖开创之君，守成之主，未有不以化民成俗为先务者。夫孝、弟、忠、信、礼、义、廉、耻固有之良，尽人同具，而转移化导之权则操之自上。仁让之风何以兴？嚚凌之习伺以靖？侈靡相高何以防其渐？奇邪相扇何以破其迷？欲使海内之民还淳返朴，臻道一风同之盛，将何道之从欤？史称韩延寿守颍川，教民略依古礼，不得过法。黄霸班行条教，劝以为善防奸之意，民皆信从。今之守宰，岂遂无其人欤？抑大史视教化为末务，美绩无由上闻，遂相率而趋于刀笔筐箧欤？

多士通经致用，学古入官，且来自民间，见闻亲切。其推之往古，验之当今，悉心敷陈，毋泛毋隐，朕将亲览焉。

对　策

臣对：臣闻崇正乃可黜邪，稽古斯能懋学，励俗在于布政，敷则教所以兴民。综稽往籍，《书》详旌别之文，《易》系闲存之德，《礼》法颁乎吉月，《诗》篇重以观风。自古帝王，斟元御宇，锡福诚民。以判彰瘅则鸿逵协吉也，以严宥密则燕寝修仪也，以设科条则虎门莅治也，以端整率则象译归诚也。茂矩隆规，罔弗粲然备具。用是勿疑勿贰，庶绩熙焉，式金式玉，百度贞焉，有猷有为，万几理焉，无偏无党，亿姓格焉。所由德媲重华，光昭念典，承诒谋而弼丕基者，恃此道也。钦惟皇帝陛下，继体守文，建中立极。本大孝以绥猷，需深仁以育物。固已四门是辟而万世垂型，五典胥惇而兆民于变矣。乃圣怀冲挹，犹切畴咨，冀长治而久安，益持盈而保泰。进臣等于廷，而策之以用贤才，修德业，明治体，正风俗诸大端。臣之愚昧，奚补高深？顾当对扬伊始之时，敬念拜献先资之义。敢不谨陈所见，诵述所闻，以勉效土壤细流之助也乎？

伏读制策有曰：人君之职在于用人，而因讲求夫君子小人之辨。臣案：取士之法莫如登选之途，举人之方孰若荐剡之路。然或其途稍宽，则醇谨之儒固挟其行谊以进，揣摩之士亦投其好尚而来矣。其路大辟，则公正者流固得以材略而显，狙巧之辈亦得以夤缘②而升矣。是非选举之法不得为善，汲引之途不可以开也。程子有言曰：知言穷理，则能察人。诚能体正本清源之论，斯其清也如水之可鉴影，其明也如镜之无遁形，其平也如衡之能称物。而又询诸廷议，采诸舆论，试诸事功，出诸刚断。将《书》所云知人则哲，能官人者不难再见于今矣。唐李绛之说曰：循其名，验其事，所得十七。信不诬也。至如夹袋之储，材馆之选，荐拔既多，其中不无稍滥也。且夫任贤去邪，《禹谟》所载。其贤奸显然者，固不难于立剖。而或貌似朴诚，中藏险诈，外示正直，内蓄诐邪，苟非洞悉其情，必不能不售其欺。若第执各从其类之说以为区别，则亦未为尽善。李泌之荐窦参，司马光之举蔡京，其左证也。甚矣！知人善任之难，而明察之为亟也。皇上诏求贤俊，取人以身，而器使因材擢用，可无拘成格也已。

制策又曰：唐虞授受不外一中，而进论夫切于身心之学。此诚正位凝命之大本也。臣案《书》纪危微，人心道心，所由判此。千古帝王心学之渊源，无过于执中之理也。禹之告舜曰：安汝止。周公之称文王曰：克宅厥心。其意与执中之旨相发明也。且夫古来治法悉本于心法，齐治均平之略即格致诚正之学，而学必身体而力行之，非第为讲论已也。是故《说命》之言曰：惟学逊志，务时敏，而推其效于道积厥躬。《敬之》之诗曰：日就月将，而课其实于缉熙光明。盖未有不切于身心而可以言学者也。若舍其本而逐其末，则虽好古右文，日事于经术，而考其行事，往往与古训相背戾。惟审其端而致其力，以之修己即以之治人，如规矩准绳之不可易。存之为圣功，发之为王道，虽尧舜亦无逾于是矣。圣天子慎修思永，无怠无荒，戒欺求慊之学不已，底于精纯哉！

制策又以道揆法守为制治保邦之要务，欲修治具以整齐严肃，而因论夫兴利除弊之方。此国计民生之所维系也。臣案：宋朱子有言：为治之本，在正心术以立纪纲，纪纲之立安之机也。古今治具，不外礼乐刑政数端。而日久怠生，有诰诫屡颁而奉行不力者矣。视涣号③为虚文，目播告为故事。颓风无自而振，实效无自而收。是岂法之不善？特奉法者之玩忽耳。且夫弊不剔则利不兴。而弊之滋也，或偏废而不举，或积重而难返。若盐政，若漕务，若河工，所关为最巨也。盐政之修，必酌其至通之理。使商不亏本，国不绌课，民不被累，则私不缉而自弭，而引亦畅消矣。漕务之修，必持其至平之道。使丁不需索，吏不侵渔，官不贪残，则敛不减而自轻，而困亦日苏矣。河务之惨必立其至明至勤之略。使官不糜费，吏不丛杂，夫不抑勒，则工以久而渐固，而帑亦日盈矣。《易》曰：穷则变，变则通，通则久。董生有言曰：琴瑟有不调者，必取而更张之。此类是也。昔日之利皆今日之弊，弊一日不去，则利一日不复。因循者不求其故，苟且者不究其原。利日消，弊日长，大率在此。诚能相机筹画，实力察核，又何废之不可举，而何重之有难返也哉？方今皇上整理庶务，谕令封疆大吏，悉心妥议，有不弊革而利兴哉！

制策又以民风之淳漓系乎政教，而廑求夫转移化导之方。臣案：化民成俗者治天下之先务也。孝、弟、忠、信之心，礼、义、廉、耻之端，虽愚夫愚妇孰不具此天良。而往往有仁让之风不兴于里党，嚣凌之习不靖于闾阎，侈靡相高因其渐而日炽，奇邪相尚溺于迷而莫知者，则非民之无良，而有司不能化之耳。诚使亲民之官存长厚之心，则民必不至于偷薄；泯矜张之气，则民必不至于浮嚣；敦节俭之风，则民必不至于奢侈；立中正之型，则民必不至于谩妄。而又先之以躬行，劝之以大道，谕之以义，诱之以利，旌扬之以奖其意，鼓舞之以启其机，必无顽梗不率而自外名教者矣。即或有之，亦惟小惩，而大诫之开其自新之路，迪其悔悟之萌，无徒以刑法驱迫为也。刑法驱之，将有日趋于下而不知所返者矣。盖不探其原，其流无自清耳。昔者韩延寿教民略依古礼，不得过法，黄霸颁行条教，劝以为善防奸之意，而民皆信从。今日之民犹是昔日之民也，今之守宰诚能以昔之守宰为法则，亦何至相率于刀笔筐箧也乎！国家渐仁摩义，易俗移风，凡隶骿懞者敢不争自濯磨也哉！

若此者，凤飞以蔼吉④，龙德以正中，象魏以宣猷，鸿钧以甄俗。廓帝纮，信景铄，仁圣之事赅，帝王之道备矣。臣尤伏愿皇上，天行不息，日进无疆。本励精图治之诚，臻累洽重熙之盛。四目既明而弥思整饬，单心已靖而益切精深，百事具修而更勤敷布，万方群化而愈重道齐。于以淳洪畅之德，大茂世之规，上畅九垓，下溯八埏，聿迓天庥，诞膺多祜，则我国家亿万年有道之长基此矣。臣末学新进，罔识忌讳，干冒宸严，不胜战栗陨越之至。臣谨对。

注 释

①偏重某一方面，忽视或废弃另一方面。 ②攀附上升。 ③帝王的指令像水一样流布天下。 ④由内而外的祥和吉庆。

赏 析

这篇对策展现了陆增祥深厚的经世智慧与治政格局。全文紧扣道光帝提出的用人、学术、治政、民风四大议题，以经史为纲、时务为纬，层层递进。行文骈散相济，既有"德媲重华，光昭念典"的典雅气韵，又有"相机筹画，实力察核"的务实锋芒。论用人时，溯源《尚书》"知人则哲"，主张"名实相副"的考选机制；述学术时，阐发《尚书》执中之旨，强调"心法为本"的帝王之学；议治政时，以《周易》"穷变通久"为据，提出盐漕河工"三务革新"的具体方略；论民风时，举韩延寿、黄霸等循吏典范，倡导"教化先于刑律"的移风之道。

咸丰九年（1859）己未科

状元：孙家鼐

策 问

制曰：朕寅绍丕基，诞膺洪祚。荷上苍之申佑，承列圣之诒谋。劬愍深宫，日慎一日。勉思传心典学之谟，课吏训诫之治，励品崇儒之要，诘戎讲武之经。冀与中外臣工，臻上理于大同，登斯民于衽席①。兹当临轩发策，博采周咨。尔多士其敬听之。

圣学之原在于存诚主敬，唐虞传心尚矣。所谓危微者何辨？精一者何解？执中者何在？禹曰：安止几康。汤曰：圣敬日跻。而即继之曰：丕应徯志。曰：式于九围。能申明其义欤？文王克厥宅心，武王不泄不忘，其道本无异同。见诸《诗》《书》者孰切？成康以后，历汉、唐、宋，迄于元、明，英君谊辟，岂无一言一行与唐虞三代相符合者，能指其实欤？朱子谓格致诚正以至修齐治平，始终不外乎敬，中和位育极之圣神功化，枢纽不外乎诚。真德秀《大学衍义》于诚意正心之要立为二目。明邱浚复补以审几微一节。心法即治法之原也。昔圣微言，曩哲粹语，有可与经传相发明者，其细绎而细陈之。

唐虞官人首言载采，成周分职重戒惟勤，八法、八成、六叙、六计，载在《周官》。能晰言之欤？汉史言：综核名实，吏称其职。然上求实效而下务虚名，徒以拘守绳墨为慎，以奉行条律为勤，岂董正治官之本意欤？夫询在事，考在言。而克知三有宅，灼见三有俊，则皆课之于心意者，事与言固必矢以一诚，而后足称忠荩欤？汉扬雄著二十五《官箴》，马融著《忠经》，宋真德秀著《政经》，其言亦有可采者欤？朕权衡黜陟，一秉至公。上以诚待下，则下当以诚事上。内外大小臣工，岂徒以奉令承教，遂为无忝厥职欤？

士也者，民之坊也。董仲舒曰：正其谊不谋其利，明其道不计其功。列士林者，非以砥厉廉隅②为本务乎？古者宾兴贤能。郑《注》谓兴贤若今兴孝廉，兴能若今举茂才。汉法取士，犹为近古。故其时吏有循良之目，民鲜偷薄之风。至唐乃有明经、进士等科，禄利之途既开，徼幸之心斯起。宋太宗谓科级之设以待士流，岂容走吏冒进，窃取功名。言之何笃切欤！夫为士而尚有亏儒行，他日服官，其能恪守官箴乎？察行既起别居之谣，考文又蹈虚车之诮。果何术而能使士行克教、人才蔚起乎？

兵所以威天下，实所以安天下，整军经武所以保大定功也。三代以后，兵民初分。汉置材官于郡国，而京师有南北军屯。唐初设府兵，一变而为彍骑，再变而为方镇。宋兵有禁、厢、蕃、乡之目，元立五卫，明设京兵、边兵，其制孰为尽善？至于训练之法，汉有都肄，唐有讲武，宋有大阅。明戚继光《练兵实纪》一书，为切于实用。所称一练伍法，二练胆气，三练耳目，四练手足，五练营阵，六练将者，能阐其义欤？夫一兵必期得一兵之用。其何以选精锐、汰老弱、简器械、申纪律，使三军之士皆足以借干城之选而迅奏肤功哉？

凡兹四事，迪德以端宸极，课绩以励官箴，植品以正儒修，整师以肃戎政。经邦要道，莫切于斯。尔多士拜献先资，毋泛毋隐。朕将亲览焉。

对　策

臣对：臣闻建极者敛福之原，知人者安民之本，学古者入官之要，整军者制胜之资。载稽往籍，《易》占进德，《书》纪奋庸，《礼》重上贤，《诗》歌振旅。古帝王握镜临宸，执枢斡化。以勤念典则逊敏昭也，以励赞襄则明良会也，以宏乐育则陶淑周也，以诘戎兵则承平奏也。莫不本宵旰勤劳之实，以握天人交应之符。用是无怠无荒，圣功裕焉，若时若采，庶绩熙焉，灼知

183

灼见，英才奋焉，有严有翼，军政修焉。渊乎铄哉！所由萝图③席瑞，松栋延禧，颂咸登而跻仁寿者，此也。钦惟皇帝陛下，道昭圜矩，治肃堂帘。隆雅化以作新，播威声于挞伐。固已三无敬奉而一德交孚，八恺偕升而六师允饬矣。乃圣怀冲挹，菲无遗，深惟久治之规，弥切迩言之察。进臣等于廷，而策以修己、用人、举贤、肆武诸大端。臣之愚昧，何足以赞高深？顾念泰山峻极，不辞土壤之微，沧海渊深，尚纳涓流之细。敢不勉就平日所诵习者，以效先资之拜献乎？

伏读制策有曰：圣学之原在于存诚主敬，因备及夫唐虞三代心法之传。此诚继天立极之隆轨也。臣案：尧舜传心，皆言允执而危微精一，命禹加详。盖以人生于形气之私，危殆而不安；道心原于性命之正，微妙而难见。必察之以精，守之以一，而后执中之治以成。然精一之功，统于诚敬。尧之文思安安，而冠以钦明，钦即敬也。舜之浚哲文明，而归于允塞，塞即诚也。文命敷四海而祇承于帝，早括《禹谟》。帝命式九围④而圣敬日跻，足赅《汤颂》。四诗首及文王，实贯以缉熙敬止。九畴访于武王，莫要于皇极居中。以至成曰敬之，康曰敬忌，虽安勉不同，考之《诗》《书》，若合符节。三代而下，若汉光武之通《尚书》，唐太宗之撰《帝范》，宋理宗之擘《道统赞》，元仁宗、明孝宗之留心《大学衍义》，尤为好古。朱子以《大学》始终不外乎敬，《中庸》枢纽不外乎诚，真德秀《大学衍义》以诚正为二目，明邱浚复补以《审几微》一节。存养之功，完天理之本体，省察之力，遏人欲于将萌，所以发明圣学者至矣。皇上宥密殚心，时几敕命，所以醇洪畅之德而丰茂世之规也。

制策又以权衡黜陟一秉至公，因详求夫询事考言之法。此诚董正治官之至意也。臣案：唐虞官人，成周分职，其世虽异，其道则同。八法治官府，即《虞书》之六府允治也。八成经邦治，即《虞书》之百工允厘也。六叙正群吏，六计弊群吏，即《虞书》之百揆时叙，三德日宣也。古来圣主贤臣千载一遇，朝廷正而百官正，岂以苛察为明哉？亦相待以诚而已。自后世务为文法，以拘守绳墨为慎，以奉行条律为勤。若汉宣帝好尚刑名，综核名实，虽一时吏治之盛，如黄霸治颍川，龚遂治渤海，赵广汉治京兆，尹翁归治扶风，皆能各称其职。然而群邪未去，卒至诛戮韩、杨、赵，盖诸贤择术不审，功过相半，吕祖谦论之详矣。汉扬雄二十五《官箴》偕《法言》并著，马融十八章《忠经》仿《孝经》而成。宋真德秀采缉经史为《政经》一卷，与《心经》表里。以雄之仕新莽，融之诬李固，视德秀人品悬殊，然其言皆有可采。要之元首股肱，联为一体，上以诚待下，下当以诚事上，非可徒求之奉令承教间也。皇上恭己垂裳，抚辰凝绩，大小臣工孰不谨官常以襄郅治哉！

制策又以士者民之坊，当以砥厉廉隅为本务，而因综论夫取士之法，以期拔擢真才。臣案：《周礼·大司徒》以三物教民而宾兴之，乡大夫考其德行道艺，而献贤能之书。由是论定后官，俊义升焉。盖教之于未用之先，始用之于既教之后，是以人才盛而吏治隆也。至汉文帝始举孝廉，武帝始举茂才，其后又定辟召之法，与科举并行，犹有乡举里选遗意。唐之取士，其科有六。惟明经、进十二科独盛。利禄之途既开，徼幸之心斯起，不逮两汉远甚。宋初设制举科，真宗增为六科，仁宗增为十科。后司马光请立十科，朱子请立七科，皆建议未行。宋之得人以进士为最。其由策论、诗赋登第为名臣者，不可胜数。善夫！宋太宗之言曰：科举所以待士，非可容走吏冒进窃取功名也。夫儒行有亏，未有能官箴恪守者。自选举变而为辟召，辟召变而为诗赋，别居之谣，虚车之诮，积习相沿，议者遂欲复成周之法。不知得人之道在于知人，知人之道在于责实。诚使道德一而学校修，黜陟明而官方叙，即谓科举之法与成周比隆可也。圣世辟门吁俊，稽古右文，运大钧而开元模，固已教思广被矣。

制策又以兵所以威天下，实所以安天下，而因论夫整军经武、保大定功之制。臣案：古者寓兵于农，三代以后兵民初分。汉置材官于郡国，而京师有南北军之屯，犹有井田遗意。唐分天下为十道，始置府兵。无事则督以力耕，不烦召募，与汉制同，最为近古。其后改为召募，名曰彍骑，而府兵之法坏。其后京师徒有虚额，强兵悍将分布天下，而方镇之势成。宋惩藩镇之失，制兵之目有四：宿卫曰禁兵，州镇曰厢兵，内属部落曰蕃兵，土民应募曰乡兵。无事而食，其费甚巨。元立五卫以总宿卫，明立京兵以卫京城，边兵以卫各边。其后军政不修，兵皆不振。此历代兵制，所以不及两汉也。然兵制盛衰，视乎训练之勤惰。若汉之都肆，唐之讲武，宋之近郊大阅，立法之密同，玩法之弊亦同。惟戚继光《练兵实纪》一书，练伍、练胆、练耳目、练手足、练营阵、练将诸法，行之无弊。诚使命将得人，精锐选而老弱汰，器械简而纪律申，有使臂使指之形，有同泽、同袍之志。师中协吉，元老壮猷⑤。于以展鹰扬之才，奋虎贲之勇，何难迅奏肤公哉！圣朝文德诞敷，武功震叠，天威雷奋，露布风驰，洵绥怀盛绩也。

若此者，本身以作其则，考绩以亮其功，劝学以储其才，教战以娴其律，仁圣之事既赅，而帝王之道备矣。臣尤伏愿皇上，天行不息，日进无疆。本励精图治之诚，臻锡羡延洪之庆。性量已纯而更深就业，官常已懋而更示激扬，胶库已盛而更树风声，韬略已颁而更精简阅。于以迓鸿庥扬骏烈，星辉云烂，赓复旦之光华，镜清砥平，巩无疆之宝祚，则我国家亿万年有道之长基此矣。臣末学新进，罔识忌讳，干冒宸严，不胜战栗陨越之至。臣谨对。

注 释

①卧席。　②行端志坚。　③指以丝帛、绢布绘制的珍贵地图，引申为国家领土或统治疆域。　④本指王畿之外的九个行政区划，代指整个王朝的统治疆域。　⑤宏大的谋划或方略。

赏 析

这篇对策展现了孙家鼐宏阔的经世格局与深邃的治政智慧。全文紧扣咸丰帝提出的圣学、吏治、取士、兵制四大议题，以经史为纲、考据为纬，层层递进。行文骈散相济，既有"萝图席瑞，松栋延禧"的典重气韵，又有"精锐选而老弱汰"的务实锋芒。论圣学时，溯源尧舜"精一执中"心法，强调"诚敬"为帝王之学根本；述吏治时，比较唐虞周汉官制得失，主张"名实相副"的考核机制；议取士时，梳理科举制度沿革，提出"道德一而学校修"的育才理念；论兵制时，剖析历代军事演变，推崇戚继光"六练"之法为治军圭臬。通篇熔铸经典义理与制度考辨，既恪守殿试策论的典雅范式，又彰显经世致用的革新意识，尤以对科举流弊的针砭、练兵实绩的推崇最具现实洞见。